소설 손자병법

3권/ 슬절형편(膝切刑篇)

張道明 著

도서
출판 은광사

차례

소설 손자병법 1권

차례

소설 손자병법 2권

차례

소설 손자병법 3권

10년

　오기를 모시고 왕궁에 갔던 시종들이 뛰어 돌아와 오기가 살해된 흉변을 알렸다. 저택 안은 벌집 쑤셔 놓은 소란이 벌어졌다. 모두 화가 미칠 것을 두려워하여 달아나려고 짐을 꾸렸다.

　방연도 차비를 시작했다. 빈이 그것을 막았다.

　「도저히 달아나지 못하네. 도성을 빠져나갈 수는 있겠지만, 국경은 머네. 여행증명서도 없잖은가. 반드시 잡히고 마네.」

　「끝가지 달아날 수 없을지도 모르지. 그러나, 나는 달아나겠네. 이런 곳에서 비명에 죽는다면, 우리는 무엇 때문에 오늘날까지 괴로운 공부를 했단 말인가! 어떻게

해서라도 달아나겠네. 달아나야 해. 끝까지 달아나고 말
겠네.」

방연은 필사적이었다. 창백해진 얼굴에 눈물을 번쩍이
면서, 이렇게 말하는 동안에도 책이며 웃자루를 부지런
히 꾸렸다.

빈이 말했다.

「나는 병법을 쓰려네. 내 계책에 따르면 반드시 살아날
수 있네. 따라주게.」

「병법?」

「그렇지 병법일세!」

「어쩌려는 건가?」

「자세히는 이야기할 겨를이 없네. 나를 따라와 도와주
게. 곧 알게 되네.」

빈은 이렇게 말하고 방에서 뛰쳐나갔다.

반신반의였지만 빈의 태도가 자신에 차 있으므로, 방
연은 짐 꾸리다 말고 따라 나갔다.

빈은 햇살 비치는 뜰 한가운데 서서 큰 소리로 외쳤다.

「여러분! 잠깐 내 말을 들으시오. 여러분은 지금 화가
미칠 것을 두려워하여 짐을 정리하여 조금이라도 빨리
이 저택을 떠나려 하지만, 그렇게 하면 오히려 위험하
오. 여러분 가운데는 자기의 물건만이 아니라 주인댁 재

물까지 훔쳐 가진 사람이 있을 터인데, 당치 않은 일이오. 오늘은 설사 그것이 여러분의 정당한 물건일지 모르나, 이 저택에서 들고 나가는 것은 주인댁 물건을 훔친 것이 아닐까, 하고 의심받기 쉽다는 것을 알아야 하오. 의심을 받지 않으려거든 주인댁 것은 말할 것도 없고 자신의 물건은 하나도 갖고 나가지 말아야 하오. 그렇지 않으면, 이제 곧 이 저택에 관아 사람들이 올 터이니, 반드시 여러분을 도둑으로 보고 사방으로 포리를 보내어 여러분을 쫓을 것이오. 여러분은 어떻게 거기에서 빠져나가려 하오. 나는 가장 안전한 방법을 여러분께 가르쳐 주리다. 여러분이 내 말에 따른다면 여러분 목숨은 안전할 것이며, 여러분의 재산 또한 무사히 여러분들에게로 돌아올 것이오. 우선 여러분의 꾸린 짐을 풀고 자신의 물건이건 주인댁의 물건이건 가릴 것 없이 그것이 있었던 자리에 돌려놓으시오. 다음에 여러분의 몸에 지닌 모든 무기를 버리시오. 끝으로, 이 뜰에 모여 가장 조용하게 가지런히 정렬하여, 관아 사람들이 오기를 기다리시오. 이것이 바로 그 방법이오. 우리의 스승이시며 주인이셨던 오기 각하께선 사람들의 원한 때문에 비참하게 되셨으나, 우리는 각하의 제자이며 일꾼이었다는 것 뿐, 다른 관계는 없소. 미움을 받아야 할 까닭이 없소. 저항

할 기색이 전혀 없고, 예의로서 그들을 맞아 겸손하게 저택을 안내하고, 순종하여 기물과 재물을 내준다면 누가 우리에게 해를 가하겠소. 우리 생명은 이럼으로써 안전할 것이오. 냉정한 눈으로 살펴보면 우리의 소지품인지 오씨 집안의 물건인지는 저절로 명백해질 것이니, 우리의 물건은 빠짐없이 우리에게 돌려 줄 것이오. 가장 안전하고 가장 현명한 길임을 잘 알 수 있을 것이오. 그러나, 그래도 아직 불안하여 달아나고 싶은 사람은 달아나도 좋소. 그러나, 물건은 아무것도 갖지 말고 몸만 달아나시오. 그 사람 때문에 남아 있는 사람에게 해가 미치기 때문이오.」

빈이 말하는 동안에 사람들이 저택 안 여기저기에서 나타나 둘레에 모였다. 빈의 말은 이치에 통했다. 모두 고개를 끄덕였다.

「알겠지요? 알았으면 그렇게 하시오.」

사람들은 저마다 흩어졌다.

빈이 방연을 돌아보며 말했다.

「어떤가, 이 병법은?」

방연은 각별히 뛰어난 방법이라곤 생각하지 않았지만, 자기가 그것을 생각해 내지 못한 것이 분했다.

「반드시 안전하다는 보증은 없네.」

라고 말했다.

　빈은 웃으며 말했다.

「세상에 반드시 이기는 계책은 없네. 모두 비교적인 것이지. 지금으로서는 이 계책이 가장 좋다고 생각되지 않은가?」

　방연은 그렇다고 생각했다. 그러나, 아리송하게 대답했다.

「글쎄…….」

「어떻든 자네도 그 짐을 풀게. 그렇게 하지 않으면 위험하네.…… 자네는 본 일이 없나? 개는 달아나는 자를 보면 반드시 쫓고 싶어지는 것일세. 나는 옛날에 사냥을 좋아했기 때문에 잘 아는데. 반드시 맹렬히 뒤쫓는 법일세. 이 점, 사람도 개와 같네. 뒤쫓고 싶은 충동을 받아 뒤쫓는 것일세, 아무것도 아닌 한 평범한 사람을 죽였더라도 조용할 수 없는 것이 인정일세. 각하쯤 되는 현자, 각하만한 명장, 각하만한 권세자를 죽였으니 어찌 조용할 수 있겠는가? 반드시 미친 상태가 되어 있을 걸세. 사냥터의 개 이상으로 흥분했을 걸세. 우리는 그들을 원망해서는 안 되네. 가지런히 정렬하고, 예의로서 맞이함으로써 그들의 흥분을 진정케 하고, 바른 마음으로 되돌려야만 하네.」

빈은 빙글빙글 웃었다. 방연은 한 마디도 할 수 없었다.
그 말은 하나도 틀림이 없기 때문이다.
「그렇게 하세.」

빈이 말한 대로였다.

조금 뒤, 정변을 일으킨 사람들이 부하를 거느리고 몰려왔으나, 저택 안이 전혀 흐트러짐이 없이 정돈되었고, 일꾼이며 하인들이 전혀 떠드는 기색 없이 참으로 순한 태도로 나왔으므로, 아무런 거친 행동도 하지 않았다. 할 수 없었다고 하는 편이 알맞을 것이다.

이와 같은 경우, 살해된 자의 재물이나 처첩은 살해한 자들의 소유로 돌아가 분배되는 것이 이 시대의 관습이었다. 언젠가는 그렇게 하겠지만 지금은 그렇게 하지 않았다. 얼마쯤 지나서, 좀 진정된 뒤에 공평하게 나누어 갖자는 것이리라.

고용인들은 빈 몸으로 풀려났다. 물론 처첩이나 노예는 달랐다. 이는 사람이지만 재물이니깐 분배 대상이 된다.

빈과 방연은 무사히 약을 떠났으나, 사흘쯤 간 곳에서 산으로 올라가 제단을 만들고. 하얗게 반짝이는 한수가 좌우로 퍼져 있는 넓고넓은 평야 저쪽 아득히 먼 구름

너머를 바라보며, 재물을 바치고 향을 사르며 스승의 넋을 애도 했다.

  슬프게 곡한 방연은 결연히 말했다.

  「나는 장차 반드시 어떤 나라건 재상이 되겠네만, 그때에는 반드시 군사를 일으켜 초나라로 쳐들어가 스승의 원수를 갚겠네. 자네는 어떤가?」

  빈은 빙긋이 웃었다.

  「자네의 뜻은 훌륭하지만, 자네가 원수를 갚을 것 까지도 없이, 저들은 비명에 죽고 말 것일세.」

  「그것은 어떤 까닭인가?」

  「도왕 뒤는 태자인 장(臧)이 왕위에 앉을 것 아니겠나. 저들은 우리의 스승을 살해하기 위해 왕의 유해에도 활을 쏘아, 화살이 고슴도치처럼 박혔네. 새 왕이 그것을 잠자코 넘길거라고 생각하나? 특별히 효심이 없더라도, 보통 부자간의 정만 있어도 가만두지 않을 것일세. 지금은 태자가 힘이 모자라고 인심 또한 어지러우므로 분함을 누르고 태연한 체 참겠지만, 멀지 않아 도왕의 장례가 끝나고, 장이 왕위에 앉을 무렵에는 인심도 가라앉겠지. 그렇게 되면, 저들이 옳지 않다는 논의가 나올 것일세. 그러면, 왕은 자신을 갖게 되어 저들을 모두 무찔러 죽일걸세. 저들은 공족과 대신일세. 더구나 스승께서 정리하신 무능하고 재주없는 사람들일세. 그들이 스승을 살해했다는 것만으로 권세의 자리에 앉는 것은 초나라를 위해서도 크게 해로울 뿐, 이로움은 하나도 없네. 그들을 죽이는 것은 그 큰 해를 없애는 일일세. 더구나 그에 의해 새 왕을 두려워하게 되고, 그 위치가 확립되며, 그 권위가 커지는 것일세. 어찌 되었든 저들은 주살될 운명에 놓여 있네. 자네의 복수는 시간이 맞지 않네.」

날카로우면서도 더없이 면밀한 추리였다. 털끝만큼의 틈도 찾아볼 수 없었지만, 그 자리에서 동의하기에는 선뜻 마음내키지 않았다.

「훌륭한 추리지만 모든 것이 태자의 인물에 달린 걸세. 만일 태자가 겁쟁이고 무기력한 성격이라면, 그 추리는 모래 위의 누각일세.」

라고 말했다.

「그렇지. 그러나 나는 3년 넘게 약에 있는 동안에 태자의 좋은 평판을 듣지 못했지만, 나쁜 평판도 듣지 못했네. 이 일에 대해 특별히 현명해야 할 것은 없네. 보통 부자의 정이 있으면 될 일이네.」

두 사람은 산을 내려와 큰길로 돌아 계속해서 걸었다.

방연은 유쾌하지 못했다. 이제는, 빈의 추리가 그다지

뛰어난 것으로는 여겨지지 않았다. 면밀히 생각하기만 하면 자기로서도 생각할 수 있는 일인지라 한층 기분 좋지 않았다.

(나는 스승의 일을 너무 슬프게 생각하다가 정이 격해진 것이다.)

이렇게 생각했다.

약을 떠난 뒤로 그들은 북쪽 한나라로 향했다. 며칠 뒤, 한나라 국경을 넘어, 10여 일 뒤에, 한나라 도성 신정(新鄭)에 닿았는데, 새 초왕이 오기를 죽이기 위해 도왕의 유해에 화살을 쏜 것은 불충하기 이를 데 없는 행동이라는 명목으로 공족, 대신 70여 명을, 그 가족과 함께 주살했다는 소문을 들었다.

빈은 웃으며 방연에게 말했다.

「우리가 미리 점친 것이 맞았군.」

우리라고 빈이 특히 강조해 말한 것이 자기를 위로하는 것이라고 생각하자 방연은 한층 더 분했다. 위로는 불쌍하게 여기는 데에서 생긴다.

신정을 떠나, 위나라로 들어가, 대량(大梁)에 닿았다.

맨 처음 예정으로 빈은 방연과 함께 송나라로 가서, 상구에 있는 방연의 집으로 가 방연의 부모님께 문안드린 다음 며칠 폐를 끼친 뒤 고향으로 갈 생각이었으나, 대

량까지 와서, 멀지 않은 곳에 제수(濟水)가 흐른다는 것
을 알자 고향으로 돌아가고 싶은 마음이 갑자기 더해졌
다.

그래서, 배로 제수를 내려가 돌아가기로 하고 방연과
헤어졌다.

배로 제수를 내려가기를 나흘째 되는 날 아침, 빈은 집
에 닿았다.

아버지를 비롯하여 가족들은 매우 기뻐했다.

아버지는 병든 몸이 여전했지만 그다지 더 나빠지지는
않았고, 동생들은 모두 놀랄만큼 컸다.

아버지는 빈의 학업이 크게 쌓인 것을 기뻐했지만, 오
기의 불행을 진심으로 마음아파 했다.

「오기만한 분이 하찮은 자들에게 그런 비참한 최후를
마쳐야만 했다는 것은 명이라고 해야겠지. 오기의 재주
로 본다면 그렇게 되리라는 것은 미리 내다볼 수 있었을
것으로 여겨지지만, 그렇지 못한 것이 사람이야. 사람은
완전치 못하니까. 천명을 두려워해야 한다.」
하고 감개어린 투로 말하고, 탄식했다.

빈은 고향 집에서 더없이 태평한 시골 생활을 했다.

마음이 내키면 책을 읽고, 글을 쓰고, 싫증나면 낚시를

하고, 사냥을 하고, 논밭에 나가 종들이 농사짓고 목축하는 것을 살폈다.

이따금 방연과 편지도 주고받았다. 방연은 전보다도 더 공부에 열중하는 모양이었다. 그것은 방연의 집 생활과 관계가 있었다. 헤어진 뒤 곧 방연이 써 보낸 편지에 의하면, 방연의 집 가산은 그들이 3년 동안 초나라에 가 있는 사이에 점점 기울어, 아버지는 송나라 후실(侯室)에 나가 사관(仕官)하기를 바라, 예부터 아는 사람에게 부탁하여 열심히 운동하는 중이었다. 그 방면에 알아보는 안목이 없기 때문에 비관(卑官)으로 밖에 쓰려고 하지 않는다는 것이다.

〈비관에 나가게 되면 이력의 오점이 되어 장차 방해가 되므로 나는 부모님께 잘 말씀드려 사관하기를 거절하고 있네. 사람은 문벌이 뛰어나지 않으면 고국에서는 받아 들여지지 않네. 문벌이 뛰어나지 않은 호걸 선비는 반드시 고향을 떠나 그 운명을 개척하고 있네. 나도 언젠가는 고향을 떠나 널리 천하에 나를 인정해 주는 주인을 찾을 생각이나, 지금은 장래를 기대하며 굴종할 시기라고 생각하여 부지런히 학문에 힘쓰고 있네.〉

그 편지의 한 구절이었다.

빈이 고향으로 돌아온 다음다음 해, 전씨가 완전히 제나라를 빼앗아, 태공망 여상 때부터의 〈강씨 제나라〉는 망하고 〈전씨 제나라〉가 되었다.

손씨 집안은 전씨에게서 갈린 것이므로, 이른바 자기 집안이 제나라 군주가 된 것과 같았지만, 갈라진 지 이미 2백 년이나 되었으므로, 별로 달라진 것은 없다.

그 다음해 봄, 빈은 아내를 맞았다. 수십리 떨어진 마을 서(徐)라는 부호 집안 딸이었다. 나이는 16살이었다. 어린 버드나무처럼 연약한 몸매의 아름다운 소녀였다. 그 때 빈은 25살이었다.

아내는 여자의 모든 재주에 능했고, 마음씨도 좋아 노부를 모시는 태도도, 동생들을 대하는 마음씨도 자상하고 고왔으므로, 빈은 아내를 사랑했다.

이런 탓으로 마음을 놓았던지 빈의 아버지는 그해 겨울, 우연히 걸린 감기가 원인이 되어 겨우 며칠 동안 앓다가 세상을 떠났다.

빈은 가장이 되어 모든 집안 살림을 맡아보게 되었지만, 그 때문에 별반 바빠지지는 않았다. 병법을 운용하여 가장 손을 잘 써서 모든 것을 처리했으므로, 변함없이 책 읽을 틈도 있었고, 고기잡이며 사냥하러 갈 틈도 있었다. 요컨대 유유자적한 생활과 세월이 흘렀다.

　방연과의 편지 왕래는 계속되었다. 방연의 편지는 뜻을 얻지 못한 울분을 호소하는 것이 아니면 병법에 대한 의논이었다. 울분에 대해서는 동정했지만, 병법 의논에 대해서는 점점 지긋지긋한 생각이 들었다. 한눈도 팔지 않고 열심히 학문에 힘쓰는 만큼 그 진보는 놀라운 것이었지만, 그 밑바닥에 깔려 있는 고집스러운 탓에 거북스럽고 자유자재로운 취향이 없었다.

　(답답하군. 방군도 조금 병법에서 떠나 유유히 인생을 달관할 마음이 되면 얼마쯤 달라질 거라고 …….)

　이렇게 생각했다. 그러나 충고할 수는 없었다. 이 무렵의 방연은 빈의 설에 대해서는 무슨 일이든 정색하고 반박했다.

　미처 생각지 못한 말을 가볍게 하면 우정이 깨질 것이었다. 병법은 실제로 운용해 봐야만 우열을 알 수 있는 것이므로, 단순한 논의를 위해 우정을 깨는 것은 어리석었다.

　(어떻든 그만한 실력이라면, 문벌 출신이 아니더라도 송나라는 상당한 대우로 맞아도 좋으련만 ….)

하고 친구를 위해 아쉬워 했다.

　빈의 아내는 시집온 지 5년이 지났는데도 아이를 낳지 못했다. 역사 시대를 통해, 중국 사람이 아이를 갖고 싶어 하는 것은 오늘날의 우리로서는 상상할 수 없을 정도다. 혈통이 끊기고 선조의 대를 이을 후손이 끊기는 것이 가장 큰 불효라고 여기는 관습 때문이겠으나, 어쩌면 좀더 근본적인데에 원인이 있는지도 모른다.

땅이 크고 넓기 때문에 무한한 노동력이 필요하며, 그렇지 않으면 중국 민족의 생활이 지탱되지 않는다는 원인 탓이다. 어쨌든〈자식 없으면 떠난다〉고, 가장 정당한 이혼의 사유가 되었다. 하물며, 이 시대였고 보면, 아이를 바라는 것은 말 할 수 없었다. 마을 사람들까지도 아쉬워 했다.

「손씨댁 새마님은 아주 잘난 분으로 모범이신데, 여태 아이가 없으시다니 ….」

이렇게 말했다.

빈의 아내는 절에 가서 기도도 하고, 주문을 외고, 여러 가지로 해보았지만 전혀 효험이 없었다. 마침내 첩을 두라고 권했지만 빈은 받아들이지 않았다.

「아이가 있으면 그보다 더 좋은 일이 없겠지만, 없으면 없는대로 괜찮소. 우리 집에는 동생들이 둘이나 있잖소. 그 둘 가운데 누구라도 집안을 잇게 하면 되는 일이오, 걱정할 것 없소.」

빈은 아내를 무척 사랑했다. 아이를 낳지 못하기 때문

인지, 그런 몸이기 때문에 아이를 낳지 못하는 것인지 모르지만, 아내의 몸은 아직도 소녀처럼 가녀렸으며, 얼굴에는 소녀의 앳됨이 있어, 빈에게는 그것이 오히려 마음에 들었다.

(여자의 몸매는 어린 버드나무나, 어린 사슴 같아야 해. 암돼지나 젖소 같아선 안 돼.)

라고 남모르게 마음 속으로 생각했다.

결혼한 지 7년째 되는 해 방연이 찾아왔다. 위나라 대량에서 헤어진 뒤로 꼭 10년 만이다. 반가움은 이루 말할 수 없었다.

술을 마시며 이것저것 환담을 나눈 끝에, 방연이 자세를 바로하고 말했다.

「나는 자네의 도움을 얻으려고 왔네.」

「허어! 말하게. 내가 할 수 있는 일이라면, 내가 힘을 아끼겠나.」

「지난 번 위의 무후가 세상을 떠나고 태자가 왕위에 올라 혜왕(惠王)이 되었네. 대가 바뀌면, 새 왕이란 선대와 다른 일을 하고 싶어하는 법일세. 나 같은 사람에게는 하나의 기회가 되지. 그래서 가보려는데 ….」

여기까지 말하자, 빈은 방연의 부탁을 알았다.

희극(喜劇)

　벼슬을 얻기 위해 제후에게 유세하려면 무엇보다 풍채가 중요하다. 사람은 우선 외모에 의해 판단된다.

　처음 대면했을 때 가볍게 보여지는 것은, 전쟁에 비유하면 첫 싸움에 지는 것과 같다. 그래도 만나 준다면 본질적으로 충분한 힘을 가진 사람이라면 차츰 그 인식을 고쳐나가게 할수도 있겠지만, 초라한 모습으로는 가운데서 말을 전하는 자가 제대로 전해 주지도 않는다. 으리으리하게 종자를 거느리고 당당한 풍채로 가야한다.

　방연의 집은 10년 전에 이미 가세가 기울어 부모가 그에게 사관하기를 요구했을 정도의 살림이다. 10년이 지나는 동안에 가산은 더욱 기울었을 것이다. 도저히 필요한 자금이 없으므로, 그것을 융통해 줄 것을 부탁하러 온 것이었다.

빈은 방연의 말을 가로막았다.

「알겠네. 자네를 위해 힘이 되어 줄 수 있어. 나는 참으로 기쁘네. 잠시 기다려 주게.」

이렇게 말하고, 자리에서 일어나 황금 100금을 가지고 와서 내놓았다.

「여기 100금이 있네. 모자란다면 좀더 마련하겠네.」

방연은 정중하게 받았다.

「일단 위후(魏侯)를 만나볼 수 있다면 반드시 써주리라는 자신은 있으나, 만날 때까지가 자신 없었네. 자네의 고마운 마음으로 그것을 할 수 있게 되었네. 나는 이 고마운 마음을 절대로 잊지 않을 것일세. 고맙다는 말을 어찌 더 하겠는가?」

하며 눈물을 흘렸다.

「황금 100금을 가지고 뭘 그러는가, 너무 그렇게까지 말하지 말게. 자네만한 인재가 그것으로 자네에게 맞는 바를 얻는 것일세. 얼마 되지 않는 황금이지만 얼마나 요긴하게 쓰이는가. 가장 빛나게 쓰이는 걸세. 자아, 이제 이 이야기는 그만하고 마음껏 마시세.」

술을 더 가져오게 하고, 아내를 불러다가 소개시키고,

기쁘게 지낸 뒤, 그날 밤에는 같이 잤다.

며칠 더 머무른 다음, 방연은 떠났다. 한 달쯤 뒤 빈은 방연이 으리으리하게 종자를 갖추고 수레를 타고 위나라를 향해 떠났다는 전갈을 받았다.

빈은 방연을 위해 기원했다.

(제발 잘 되어 주길 ….)

뒤이어 온 편지에는, 방연은 혜왕의 총신(寵臣)후수(侯壽)라는 자에게 아첨하여 위나라 도성에 머무르며 혜왕을 만나볼 기회를 기다리고 있다는 것이었다.

(배알할 수만 있으면 반드시 혜왕의 마음을 사로잡을 터인데.)

빈은 사람들 보내 황금 50금을 방연에게 전하게 하고, 이것으로 왕을 모시는 사람들에게 뇌물을 써서 반드시 배알하여 일을 성사시키도록 하고, 더 필요하면 보내 주겠노라고 했다.

돌아온 심부름꾼은 방연의 편지를 가지고 왔다.

〈고맙게 보내준 50금 감사히 받았네. 형편은 결코 나쁘지 않네. 천천히 진행하는 중이나, 지금 자네가 보내준 것으로 해서 급속히 호전될 것일세.

자네의 우정은 관중(管仲)에 대한 포숙(鮑叔)의 우정에 비할 만하네. 아득히 멀리 자네를 생각할 때마다 내 마

음은 비오듯 쏟아지는 눈물에 젖네. 이런 좋은 벗이 있
다는 것은 나의 큰 복일세. 하늘이 나에게 행운을 내리
는 일, 참으로 크다 하겠네. 자네는 부유한 집안 사람.
내가 다행히 왕운을 얻어 부귀한 지위를 얻더라도 은혜
에 보답할 기회는 끝내 없을지 모르나, 그래도 좋으이.
대은은 갚을 수 없는 것이라 하지 않는가. 세세생생에
걸쳐 마음에 새기고 감사하겠네.〉

  다 읽고 나자 빈은, 심부름 갔던 자에게 물었다.
「방군은 어디에 계시더냐? 후수의 댁에 계시더냐?」
「예. 후수란 위왕의 총희(寵姬)의 오라비되는 사람으
로 꽤나 권세를 떨치고 있었습니다. 방연님께선 그 저택
안에 있는 객사에 머무르시고 계십니다.」
  후수의 여동생인, 위왕의 총희에게 아첨하여 마음에
들게 해야겠구나, 생각하고 또 물었다.
「정중히 대우받는 것 같더냐?」
「각별히 정중하게 보이지도 않았습니다만, 푸대접 받
는 것처럼 보이지도 않았습니다.」
「방군의 기분의 어떠하더냐? 네가 본 바로 방군의 표정
이 맑더냐? 어두운 데가 보이지 않더냐?」
  상대는 고개를 갸웃거렸다.

「생각해가면서 대답해선 안 된다. 네가 맨 처음 만났을 때의 느낌을 그대로 말하도록 해라. 어떻게 느꼈느냐?」

「글쎄올시다. 어쩐지 피로하여 싫증이 난 것 같아 보였습니다.」

「그렇더냐, 알았다.」

사정은 조금도 나아지지 않을 것이라고 생각했다.

방연은 고의로 거짓말하는 것이 아닐 것이다. 아마도 후수라는 사나이가 가망 있어 보이는 말을 하는 것을 곧이 듣고 있으므로, 형편이 나쁘지 않으며 서서히 진행 중이라고 써보낸 것이겠지만 후수가 말하는 가망이라는 것이 모양으로 나타나지 않으므로 지쳐서 싫증을 내는 것이겠지, 하고 판단했다.

빈은 불안했다. 자유활달한 생각을 할 수 없는 방연이, 급소가 어딘지 모르는 것이 아닐까. 어쩌면 알더라도 아녀자들이 나서서 주선하는 것을 좋게 여기지 않는 것이 아닐까, 생각했다.

빈이 말했다.

「너, 수고롭지만 다시 한 번 위나라에 가겠느냐?」

「갔다 오라는 분부시라면 가겠습니다만, 이번에는 어떤 용건이십니까?」

「방군에게, 내가 주는 물건과 편지를 전하고 오는 일이다.」

「잘 알겠습니다.」

심부름꾼은 겨우 이틀을 묵고 다시 위나라로 향했다.

빈은 심부름꾼에게 패옥(佩玉)과 편지를 주었다. 그 패옥은 대대로 전해 온, 뛰어나게 아름다운 물건으로, 부인들이 쓰는 것이었다. 편지에는 이렇게 썼다.

〈심부름 갔던 자가 돌아와 한 이야기로는, 자네를 위왕에게 추천하겠다고 말해 주는 후수님의 여동생은 위왕의 총희라지 않은가. 반드시 그 부인께서 자네를 위해 애써 줄 것일세. 다시 심부름꾼을 보내 자네에게 전하는 물건은 변변치 못한 것 이나, 이것을 바쳐 고맙다는 뜻을 표하도록 하게나.〉

빈은 매우 신경을 써서 이 편지를 썼다. 사실은,

〈군주에게 아첨하는 것보다는 권세 있는 신하에게 아첨 하는 것이 좋다.〉

이렇게 쓰고 싶었으나, 그렇게 쓰면 방연을 화나게 할지도 모른다고 생각한 것이다.

잘 되었다. 심부름 간 자가 아직 돌아오기도 전에, 방연에게서 급히 사람이 와서, 혜왕을 만나보게 되어 병법

을 설했더니 왕은 매우 마음에 들어 객경(客卿)에 임명
했다고 알려온 것이다.

〈오로지 자네의 덕일세. 돌아보건대 오기 선생께서 비
명에 돌아가셨을 때, 무사히 초나라를 떠나올 수 있었던
것도 우선 자네 덕분일세. 가까스로 배운 병술(兵術)에
자신이 생겨 유세길에 오르려 했을 때, 자네가 많은 황
금을 쓸 수 있도록 해주었기 때문에 사람들의 믿음을 살
수 있는 행장을 갖추고 이나라에 올 수 있었으며, 후수
를 알수 있게 되었네. 그 뒤 또다시 50금을 보내 주었으
므로 왕의 측근에게 뿌려 왕께 주선해 주도록 부탁할 수
있었네. 마지막으로 이번에도 자네가 권하는 대로 자네
가 보내준 패옥을 왕의 총희에게 바쳤던 바, 며칠 뒤 곧
왕을 뵙고 병법을 설할 기회를 얻었네. 내가 자네에게
힘입은 바 너무나 크네. 자네의 은덕이 내 몸에 두루 퍼
졌다 해도 좋을 것일세. 나는 진정으로 울며 자네의 우
정에 감사하고 있네. 나는 결코 이것을 잊지 않을 것일
세. 잊는 다면 나는 사람이 아니네. 천신은 나를 죽일 것
일세.〉

방연은 이렇게 적었다. 평소에 지기 싫어하던 기질은
전혀 보이지 않는다. 행복의 절정에 있어 마음이 순수해
진 것이라고 여겼다.

(참으로 잘 되었다. 방군의 기쁨이 저럴진대 부모님의
기뻐하심은 어떻겠는가.)

빈은 마음이 놓여 이렇게 방연을 축복했다.

심부름꾼이 돌아온 것은 방연의 기별이 있은 지 사흘
뒤었다.

위나라에 출사(出仕)한 뒤의 방연은 혜왕의 마음에 꼭
들었다. 실제로 그 병법의 깊은 조예는 아무리 퍼내도
다함이 없어, 위나라 장군들은 모두 방연을 스승으로서
우러러 받들었다.

다음 해 위나라와 조나라 사이의 평화가 깨졌다.

방연은 대장군이 되어 군사를 이끌고 출진하여 회(懷)
에서 크게 싸워 조군을 대파했으므로, 그 명성은 한층
더 올랐다.

그 다음다음해에는 조나라가 한나라와 연합하여 위나
라의 안읍(安邑)을 포위했다. 안읍은 지금의 산서성 운
성(山西省 運城)부근이다. 이 무렵의 위나라 수도인데다
가, 그 가까이에 염지(鹽池)가 있어 오늘날에도 〈아침에
거두면 저녁에는 다시 생긴다〉고 할 만큼 소금이 풍부
하므로 위나라로서는 가장 중요한 토지였다.

연합군의 공격은 더없이 치열했다. 방연은 몇 번이나
병사들을 이끌고 달려나가 싸웠으나 잘 되지 않았다. 싸

울 때마다 패하여 성으로 도망쳐 들어왔다.

이 소문을 듣고 빈은 방연을 걱정했다.

(조나라와 한나라가 연합하여 도성으로 공격해 올 때까지 알아차리지 못했다는 것이 실수이다. 대군으로 공격하여 엄중히 포위되어 있는 것을 이따금 달려나가 깨려고 하는 것도 좋지 않다. 충분히 준비를 갖추고 충분히 정찰하여 적이 마음 놓은 것을 잘 보아 뛰쳐나가 단숨에 허물어 버린다면 매우 좋지만 자주 찔금찔금 싸운다면 위험하다. 적은 결코 마음놓지 않기 때문이다. 뻔히 좋은 미끼가 되는 줄 알며 병력을 소모할 뿐이다. 이런 때에는 다른 강국의 구원을 청하는 것이 가장 좋은 것이다. 열국은 서로 다른 강국을 시기하고 있는 때이므로 설득하는 방도를 알면 강국의 마음을 흔들어놓는 일은 쉽게 할 수 있을 것이다. 생각하건대 방연이 그렇게 나가지 않는 것은 타고난 좁은 소견과 고집 때문에 임기응변할 수 없는 것이거나, 지금은 위나라의 군신 사이에 가장 뛰어난 장군의 재목이라고 인정받고 매우 믿고 있으므로 그에 구애되어 화려한 것을 보여 주려고 조바심하기 때문이리라. 위나라는 마침내 성밑까지 공격해온 적과 강화를 약속하여 연합군에게 항복하지 않을 수 없게 되고 방군은 병법가로서의 생명은 끊어지고 만다.)

빈은 긴 글을 써서 품에 품고 배로 제수를 내려가 제나라 도성 임치(臨淄)로 가서 제나라 장군 전기(田忌)의 저택에 던지고 이름을 알리지 않고 도성 안에 숨어 반응을 엿보았다. 아무런 반응도 없으면, 다음 계책을 써야 한다고 생각했다.

〈현재 위나라는 조나라와 한나라 연합군에게 도성이 포위되고 그 위태로움은 아침저녁으로 임박해 있다. 우리나라는 이를 남의 나라 일로서 강건너 불구경하듯 하고 있는데 과연 이것이 강건너 불이겠는가. 초야에 묻혀 사는 하잘 것 없는 백성이지만 나는 조국을 위해 근심하지 않을 수 없다.

조나라와 한나라가 만일 위나라를 점령했을 경우, 가장 심하면 그 나라를 나누어 가질 것이다. 그렇게 되면 두 나라들은 모두 큰 강국이 되어 우리나라 서쪽 경계를 위압하게 될것이다. 강하고 약함은 상대적인 것이다. 이웃나라가 강해지는 것은 우리나라가 쇠약함을 뜻한다. 우리나라에 이로울 것으로는 생각할 수 없다.

두 나라가 그토록 탐욕스럽지 않다 해도 우리 나라에 땅을 갈라 주기를 요구할 것은 확실하다. 그 경우 두 나라는 위나라 동부 땅을 가지려 할 것이다. 왜냐하면 서쪽은 지금 솟은 해와도 같은 기세에 있는 강국 진(秦)나라 경계에 가까워 진나라와의 분쟁이 일어날 우려가 있기 때문이다. 두 나라가 위나라 동부를 쪼개어 가진다면 이 또한 우리의 서쪽 경계를 위압하게 된다.

이상과 같이 어떻게 하거나 두 나라가 위나라에 이기는 것은 우리나라에 이롭지 않다. 장군께선 어찌 이것을 생각지 않으시는가.

만일 내가 장군의 지위에 있다면 왕께 권하여 위나라를 구한다는 명목으로 스스로 장수가 되어 위나라로 향하겠다. 살피건대, 반드시 싸울 것은 없으리라. 왜냐하면, 두 나라는 새로이 강해진 제나라와 싸울 것을 피하여 저마다 자기 나라로 물러갈 것이기 때문이다.

싸우지 않고도 두 나라 병을 꺾어 위나라에 은혜를 입히고 더욱이 제나라를 편안케 하고 제나라의 위세를 천하에 펴고 장군의 이름 또한 천하에 전해지게 되는 것이다. 세상에 이토록 적은 수고로 큰 공을 얻는 일이 또 있겠는가.

장군, 서둘러 생각을 깊이하여 계략을 세우도록 하시라.〉

이런 내용의 글이었다.

전기는 이 글을 읽고 옳은 말이라고 생각했다. 급히 서둘러 입궐하여 왕을 배알하고 위나라의 위급을 보기만

한다는 것은 결코 제나라를 위하는 것이 아니다. 신에게 병사 1만을 주시어 위나라로 들어가게 해주시기 바란다. 두 나라 병사들은 그 소문만 듣고도 물러나 싸울 것도 없을 것이다. 이렇게 적은 수고로 위나라에 은혜를 입히고 대왕의 어진 마음과 위세를 크게 떨칠 것이다, 하고 설득했다.

이 때 만일 전기가 투서를 내보이면서 설득했다면 위왕은 위나라 사람이 꼼꼼하게 짠 계책을 써서 위나라를 위해 제나라를 움직이게 하려는 것이라고 판단하여 얌전히 따를 생각이 우러나지는 않았을 것이다. 대체적으로 천성적인 왕후란 현명하면 할수록 속지 않으려는 의식이 강하고 의심하는 마음이 강하다.

전기는 투서에 대한 것은 털끝만큼도 말하지 않고 모두 자기의 생각에서 나온 것인 양 말했다. 그러는 편이 자기를 위대하게 보인다고 생각했던 것이다.

왕은 전기의 청을 승낙했다.

전기는 1만 명의 군사를 받아 3만이라고 큰소리치며 임치를 떠나 위나라로 향했다

빈은 전기가 제왕의 명을 받아 위나라를 구하기 위해 곧 떠난다는 소문을 듣자 임치를 떠나 마을로 돌아왔다.

빈의 계산은 틀림이 없었다. 제군이 위나라로 들어오

자 위나라 사람은 그 행군하는 길에 모여 구원군이라 하여 크게 환영했다.

소문은 바람처럼 안읍을 에워싸고 있는 연합군에게 전해졌다. 연합군측은 새로 강국인 제나라와 싸우기를 싫어하여 안읍의 포위를 풀고 저마다 자기의 본국으로 돌아갔다

방연은 그 물러가는 적을 추격하여 적을 무수히 베는 성과를 올렸다.

이러한 일을 빈은 세상 소문으로도 들었지만, 방연에게서 온 편지로 더 한층 자세하게 알 수 있었다.

〈이번 싸움은 참으로 위태로왔네. 그러나, 나는 이런때야말로 남아로서의 참다운 모습을 나타낼 때라고 뜻을 굳게 먹고 이따금 달려나가 접전함으로써 아군의 사기가 시들지 않게 하고 한편으로는 남모르게 제나라에 사람을 보내어 요로에 설한 바 있었네. 그 때문에 제나라의 원군이 오게 되어 포위가 풀렸네. 나는 그 물러가는 적을 맹공격하여 수천 명의 적을 베어 무명을 또다시 떨쳤네. 기뻐해 주기 바라네.〉

이런 내용이 적혀 있었다.

(과연 그렇구나.)

빈은 고개를 끄덕이면서 씁쓸하게 웃었다.

(세상에 나가 명성을 유지하려면 참으로 여러 가지 일을 해야 하는 것이군. 모든 것을 자신이 한 일이라고 해야 하는 것이로구나.)

이렇게 생각하기도 했고,

(범인에게 인생은 모두 비극, 뛰어난 사람에게는 모두 희극 이라더니 아무래도 그런 모양이군. 방군은 내가 아무것도 모르는 줄 알고 우쭐해져서 이번 일은 모두 자신이 꾸민 계책이라고 주장하는데 모든 일을 다 알고 있는 나로서는 우습기 짝이 없군.)

이렇게도 생각했다.

(아무려면 어떤가. 이제 방군은 여전히 무공이 혁혁한 장군으로서 가장 뛰어난 재간 있는 객경으로, 위나라에서 존경받고 중히 여겨지겠지. 본디 그렇게 만들기 위해서 내가 애쓴 것이 아닌가, 만족해야겠지.)

이렇게 결론지었다. 아무것도 모른 체하고 방연에게 축하 편지를 써 보냈다.

다음해에는 제나라와 위나라 사이에 싸움이 일어났다. 이 두 나라 사이에는 훨씬 옛날부터 경계 때문에 싸움이 계속 되고 있었는데, 제나라는 작년에 위나라의 위급을

구해준 대상으로 자기 나라의 주장을 승인하라고 요구
했다.

위나라는 이를 거절했다.

〈틀림없이 작년에 귀국은 우리나라를 구하려고 출병
했으나 실제로 싸우지 않고 한나라와 조나라 군사는 물
러간 것이었소. 두 나라 군사는 이미 공격에 지쳐서 물
러갈 마음이 되어 있었던 것이오. 썩은 새끼는 힘을 가
해 잡아당기지 않더라도 끊어질 운명에 놓여 있소. 끊어
졌다 하여 더 가한 힘의 작용이라 할 수는 없을 것이오.
귀국의 호의는 매우 컸으나 그것을 내세워 이런 요구를
하다니, 이치에 닿지 않는 일이오.〉

마침내 교섭은 깨어지고 무력으로 맞서게 되었다.

방연은 대장군으로서 제나라 군과 싸웠다. 가끔 이기
기도 했으나 제나라 군사의 기세는 조금도 떨어지지 않
았다.

방연은 마침내 조나라에 사자를 보내 구원을 청했다.
조나라는 승낙하여 대군을 출동시켰다.

빈은 혼자 빙그레 웃었다.

(과연 그렇군. 지난 번의 방법이 성공했으므로 방군도
생각난 모양이군.)

제나라 군사는 자기 나라로 철수했다.

옛 친구와의 만남

그 후에도 방연이 봉직하고 있는 위나라는 거의 매년 여러 나라와 싸웠다. 진나라, 송나라, 조나라가 그 대상이었다. 더구나, 진나라와의 싸움은 6년 동안에 3번씩이나 있었다. 다른 나라와의 싸움에는 이겼으나, 진나라와는 세 번 싸워 세 번 다 졌다. 이 여러 번의 싸움에는 그만한 원인이 있었다고는 하나, 빈이 살펴본 바로는 피할 수 없는 것은 아니었다.

(가장 큰 원인은 방연에게 있다. 방연은 끊임없이 공을 세워 자신의 힘을 자랑하지 않으면 그 지위를 지킬 수 없다고 생각한 것이다. 본디 공에 대한 욕망이 왕성한 사람이기도 하다. 헤엄을 잘 치는 사람은 강에서 죽는다

는데, 병사(兵事)에 이르러서는 한층 더 그렇다. 이러한 일을 계속 하면 병사(兵事)로서 몸을 파멸케 할 것이다. 자신만을 파멸케 할 뿐 아니라, 위나라까지도 멸망케 할 것이다. 곤란한 일이나, 병법밖에는 흥미를 갖지 못하는 사람이니 어쩔 도리가 없다.)

라고 탄식했다.

  방연에게 넌지시 충고하는 글을 써보냈지만, 방연의 대답은 이 쪽의 참뜻을 깨닫지 못한 것이었다.

  (방연은 재주가 뛰어나나, 어떤 면에서는 몹시 둔한 데가 있다. 완곡하게 이야기 해서는 느끼지 못하는 모양이다. 그러나, 빙 둘러서 말하여 알아듣지 못하는 자는 맞대놓고 말해 주어도 결코 듣지 않는다. 게다가 그는 지금 명성이 절정에 이르러 있다. 시골 지주나부랑이가 무슨 말을 하느냐고, 우정을 깨 버리는 것이 고작이리라. 잠자코 있을 수밖에….)

하고 더욱 탄식했다.

  그 무렵 빈의 아내가 병들었다. 빈의 아내는 허약하기는 했지만, 좀처럼 앓아누운 일이 없었다. 이 때의 병도 단순한 감기였는데, 도무지 낫지 않고 높은 열이 계속되었다. 아내를 몹시 사랑하는 빈은, 걱정하여 아내 곁을 떠나지 않고 보살폈다.

보람이 있어, 가까스로 아내의 병이 좋아지기 시작하
여 20일쯤 지나 겨우 나았다. 봄기운이 돌기 시작하여
버들가지의 새싹이 눈틀 무렵이었다.

아내가 자리를 개고 일어나는 날, 빈은 아내를 위해 매
를 데리고 새를 잡으로 나섰다. 갓 잡아온 새고기를 먹
여, 쇠약한 아내의 체력을 회복케 하려는 생각이었다.

제수가의 갈대밭을 종일 돌아다니며 무척 많은 새를
잡아 저녁때 기분이 좋아서 돌아와 보니, 아내는 또 높
은 열이나서 누워 있었다. 빈은 깜짝 놀랐다.

「어째서 또 …….」

모든 것을 내던지고 아내의 머리맡으로 급히 달려갔
다.

가족들의 말에 의하면, 아내는 온종일 기분이 좋아서
거실에 있다가 뜰에 나와 산책도 했는데, 바로 조금 전
뜰을 걷다가 갑자기 오한이 덮쳤다는 것이다.

(아직 완쾌하지 않았던 것이겠지. 내가 좀더 주의했어
야 했다.)

빈은 몹시 후회했다.

누워 있는 아내의 얼굴은 창백했다. 여월대로 여위어
서 뾰죽해진 얼굴에 눈이 이상하게 크고 검고 맑았다.
빈을 보고 웃으려고 애썼다. 마른 기침이 심하게 나기

시작했다. 숨소리가 가빴다. 몹시 괴로워 보였다.

빈은 자신의 가슴도 괴로워지는 것 같았다.

「눈을 감구료. 괴롭겠지만 마음을 진정시키고 잠들도록 애써 보오. 잠들면 조금은 편해질 것이오.」

빈은 곁을 떠나지 않고 정성으로 간호했으나, 용태는 끝내 좋아지지 않고 나빠져, 사흘째 되는 날 숨을 거두었다.

자식은 없었지만, 부부되어 15년. 누구보다도 사랑했던 아내가 세상을 떠나자, 빈의 슬픔은 너무나 컸다. 아내의 뒤를 따라 죽고 싶을 정도였다. 이제 이 세상에 자기를 붙들어 매는 것은 없다고 생각했다.

빈은 그 슬픔을 나타내지는 않았다. 강한 의지로 누르고, 평정함을 유지하기는 했지만, 웃는 일은 거의 없어졌다. 말도 잘하고, 잘 웃고, 잘 마시는 사람이었는데, 지금은 잘 마시기만 하는 사람이 되었다. 말없이 마시고, 언제까지나 마신다.

가족들은 빈을 위로하기에 애썼다. 동생들은 재혼하기를 권하기도 하고, 첩을 두라고 권하기도 했으나, 빈은 받아들이지 않았다. 그리고, 얼마쯤 지나자 집안 재산을 동생들에게 물려 주겠다고 했다.

「아내가 살았더라도 우리에게는 자식이 없었으니까 이

렇게 하려고 했었다. 나는 집안의 재산을 줄게 하지는 않았다. 얼마쯤은 불어났을 것이다. 그것을 기쁨으로 알겠다. 부디 이제부터는 너희들만으로 살아주기 바란다. 내 나이 이미 마흔이다. 너희들에게 기대어 여생을 마치고 싶구나.」

하며 가산을 둘로 나누어 두 동생에게 내주고, 집안 한 구석에 작은 거처를 만들어 옮겨 앉았다.

아내가 죽었다는 소식은 방연에게도 알려졌다. 방연은 정중한 위로 편지와 후한 선물을 보내어 조의를 표했다. 그 편지에는, 만일 마음이 내키면 놀러와 주기 바란다. 어쩌면 울적한 마음을 풀 수 있을지도 모른다고 씌어 있었다.

그러나, 빈의 마음은 전혀 움직이지 않았다. 누구를 만난다 하여, 어디를 간다 하여 마음이 위로될 수 있으리라고 여기지 않았다.

동생들은 형의 깊은 슬픔에 동정하여 여러 가지로 돌보기는 했지만, 재산을 나누어 받고 보니, 어찌 되었든 기쁜 일이므로 저마다 자기 몫의 재산을 불리기에 열심이었다.

이것도 빈으로서는 괘씸한 생각이 들었다.

(무리도 아니겠지만, 사람은 끝내 이욕에 사로 잡히게

마련인가.)

하는 감회에 빠졌다.

　이것은 사람에 대한, 인생에 대한 절망감으로 이어진다.

　요컨대, 이 시기의 빈에게는 보는 것과 듣는 것이 모두 암울하게 느껴졌다.

　아내를 잃은 지 1년쯤 지나 빈은 불현듯 방연에게로 가 볼 생각이 들었다. 확실한 목적 따위는 없었다. 화창한 봄 햇살 속을, 위나라 도성까지 여행하여, 오래간 만에 방연을 만나 얼마동안 머무르다가 가을바람이 불기 시작할 무렵 돌아오려는 것 뿐이다.

　동생들은 기뻐했다.

　「좋은 생각을 하셨습니다. 형님의 울적하신 마음도 풀릴 것입니다. 방연님도 기뻐하시겠지요. 그 분의 오늘의 영달은 형님의 힘에 의한 바가 많으니까요.」

　빈은 못마땅한 얼굴이 되었다

　「나는 방연군을 그렇게 생각하지 않는다. 남에게 은의를 받는 것을 짊어진다는 뜻으로 〈하(荷)〉자를 쓴다. 다시 말해서, 그것이 무거운 짐이기 때문이다. 짐이란 고통스럽다. 스스로 의식하는 것만도 고통스러운데, 상대가 그것을 지시한다면 얼마나 고통스럽겠느냐. 이 고통은 우정을 방해 한다. 극단적인 경우에는 증오하게 된 다. 옛시대의 어진 분들이 은혜를 베풀거든 잊으라고 말 한 것은 이런 까닭이기도 하다. 나는 단순히 친한 벗과 오래 만나지 못한 회포를 풀기 위해 가는 것이다. 너희 들도 내가 예전에 방연군을 위해 마음 쓴 일 따위는 잊 어라.」

소탈하고 훌륭한 말이라기보다, 몹시 어두운 말로 여 겨져서 동생들은 놀랐다. 알 수 없는 불길한 예감과도 같았다.

빈은 동생들이 여러 가지로 길 떠날 차비를 해주는 것 도 거절했다.

「여느 때 이상으로 수선 떨 필요 없다. 당나귀 두필, 하 인 한 사람이면 된다. 수레며 종자가 많으면 방연군에게 폐를 많이 끼치게 된다. 조촐하게 가서 조촐하게 대접받 다가 조용하게 돌아오겠다.」

이렇게 말하고, 당나귀 한 필에 고리를 싣고, 다른 한 필에 타고, 하인을 데리고 떠났다.

제나라를 떠날 무렵은 화창한 봄이었는데, 먼 길을 가 는 동안 날짜가 많이 걸려, 위나라 도성 안읍에 다가갈 무렵에는 벌써 초여름이 거의 지난 때 였다.

그 동안에 빈은, 위나라의 재상 공숙좌(公叔座)가 얼마

전 죽었다는 말을 들었다.

공숙좌의 죽음에 대해 이런 말도 들었다.

공숙좌의 집에, 위나라의 후손인 공족(公族)으로 공손앙(公孫鞅)이라는 사람이 있었다. 학문과 재기가 넘쳤기 때문에 공숙좌는 공손앙을 아껴서 위왕에게 추천하여 쓰려고 했다.

차에, 공숙좌가 병이 들어 중태에 빠졌을 때, 혜왕은 병문안을 갔다. 그 때,

「만약 그대에게 변고가 있다면, 그대 대신 누구에게 국사를 맡기는 것이 좋겠는가?」

하고 물었다.

공숙좌는,

「그 일에 대해서는, 전부터 신에게 생각이 있었습니다. 신의 집에, 위나라의 후손으로 공족인 공손앙이라는 사람이 있습니다. 나이는 어리지만, 범상치 않은 인물로서 발군의 재주가 있습니다. 전부터 천거하려 했지만, 어려움이 있었습니다. 신의 바램입니다. 이 사람을 등용하시어 국정을 맡기십시오.」

라고 말했다.

위나라의 조정에는 많은 중신이 있었다. 모두 재주가 뛰어난 자들이었다. 그들을 내버려 두고. 이제까지 들은

적도 없는, 더구나, 자신의 집에서 하찮게 기거하는 자 따위를 공숙좌가 추천했기 때문에 혜왕은 불쾌했다. 왕과 신하간의 대화의 분위기가 서먹해졌다.

이윽고, 혜왕이 돌아가려 하자 공숙좌는,

「잠시….」

하고 혜왕을 만류하고, 사람들을 주변에서 물리치고,

「대왕이시여, 만약 신이 지금 말씀드린 공손앙을 쓰시지 않으시겠다면, 공손앙을 죽이십시오. 그 사람이 다른 나라에 봉사하여 그 쓰임을 이루게 된다면, 우리나라로서 크게 불리한 인물입니다.」

「그런가? 좋소.」

혜왕은 승낙하고 돌아갔다.

그 후, 공숙좌는 공손앙을 불러서 말했다.

「나는 왕께서 그대를 등용하여 쓰지 않겠다면, 그대를 죽이라고 했네. 그대에게는 미안한 일이지만, 이 나라의 신하인 나로서는 그대보다 왕을 먼저 염려하지 않을 수 없네. 그러나 왕에게 간언한 것으로써, 왕에 대한 나의 도리는 다했네. 이제 자네에 대한 의리를 행하지 않을 수 없네. 그대는 서둘러 이 나라에서 도망가게. 그렇지 않으면 반드시 변을 당하리라. 왕께서는 그대를 죽이겠다고 하셨네.

공손앙은 공숙좌의 의리에 감사했지만, 웃으며 말했다.

「왕은, 저를 추천하라는 충언을 듣지 않았습니다. 하여 저를 죽이라는 충언도 듣지 않을 것입니다.」

라고 말하고, 태연히 공숙좌의 집에 그대로 머물렀다.

한편, 혜왕은 궁으로 돌아가, 중신들에게 말했다.

「공숙좌의 용태는 의외로 중하여 도저히 소생할 수 없을 듯하다. 공숙좌는 자신의 집에 부리는 하찮은 젊은이를 중용하여 국정을 맡기라고 한다. 병이 깊어 정신 착란의 기미마저 있었다. 슬픈 일이다. 도저히 소생하지 못하리라.」

고만 말했을 뿐, 공손앙을 죽이겠다는 약속은 잊었다.

그 후, 공숙좌는 병이 더욱 깊어 죽었다. 공손앙은 위나라를 떠나서 진나라로 향했다. 작년, 진나라의 헌공이 죽은 뒤 태자 효공(孝公)이 즉위하여 부국강병책을 꾀하고, 널리 천하의 현인을 구한다는 소문을 들었기 때문이었다.

공손앙은 효공에게 부국강병책을 헌책하여 크게 신임을 얻고, 정치·경제·군사의 모든 면에 새로운 법률을 만들어 엄격한 통제를 펴고, 강한 진나라를 만듦으로써, 그의 권세는 진나라에서 겨룰 사람이 없게 되어, 상어

(商於)땅에 봉해져 상군(商君)이라 불리게 된다.

빈은 공숙좌의 죽음과 공손앙에 대한 이야기를, 한낮에 쉬고 있던 밥집 앞 큰 나무 그늘에서 식탁을 함께 한 나그네로부터 들었다.

나그네는, 혜왕과 마찬가지로, 공손앙의 이야기를 하고 나서, 재간은 좀 있지만 공숙앙은 대단한 인물이 아니다. 진나라로 간 것은 꽤 자만심이 강한 때문이다. 진나라에서 작은 관리로라도 채용이 되면 상당히 운이 좋은 편일 거라고 비웃는 말투였다.

그러나, 빈은 이러한 이야기들을 들었을 때, 깜짝 놀랄 만큼 큰 충격을 느꼈다.

아무리 빈이 명민하다 해도 공손앙이란 인물을 자세히 알고 있는 것이 아니므로, 이 인물이 몇 해 뒤에 진나라를 천하의 위협이 될 정도로 부강한 나라로 만들리라는 것은 상상 할 수도 없었다. 그러나 공손앙이,

〈왕이 나를 쓰라는 말을 받아들일 수 없는 이상, 나를 죽이라고 한 말도 받아들이지 않을 것입니다. 심려하실 것 없습니다.〉

라고 말하고 태연자약하게 머물러 있는 한 가지 일을 보고, 그 식견과 담량이 얼마나 뛰어났는가는 알 수 있었다.

보기 드문 인물임에 틀림없다고 생각했다.

이만한 인물을 쓰지 못하고 아깝게 다른 나라로 떠나 보낸 것은, 위나라의 손실이 말할 수 없을 정도로 크다고 생각했다.

(방연은 무엇을 하고 있는가!)

하는 생각도 들었으나, 곧 쓴웃음을 지었다.

(방연은 모른다. 그 사람은 병법 밖에는 모르니까. 설사 또 안다 해도 그만한 인물을 위왕이 쓰는 것은 원하지 않겠지. 자기보다 나은 사람이 왕 가까이 있는 것은 자신의 앞날에 방해가 된다고 생각하고 있을 테니까. 그 사람은 도량이 넓은 사람은 아니거든.)

밥집에서 쨍쨍 쬐는 거리로 나가서 나귀 등에 타고 흔들리며 가는 동안 빈의 가슴에는 아직 만난 적이 없는 공손앙이란 젊은이 생각이 쉴새없이 떠 올랐다.

위나라 도읍에 이르자 우선 여인숙에 들어 그날 밤을 지냈다. 이튿날, 어슬렁어슬렁 거리로 나가 방연에 대한 평을 들었다. 만일 평판이 지나치게 나쁠 것 같으면, 알리지 않고 떠날 작정이었다. 그러나, 평은 나쁘지 않았다. 뛰어나게 좋은 것도 아니었다.

「방장군 말씀입니까? 무인으로서는 대단한 분이지요. 오기 장군이 가장 사랑하며 기대를 걸었던 제자라고 하는 만큼, 그 병법의 진수를 이어 받았습니다. 제나라, 조나라, 송나라도 장군에게는 상대가 되지 않습니다. 싸울 때마다 승리했습니다. 다만, 진나라와의 싸움에는 소득이 없지만, 이것은 병력의 차이가 너무 컸기 때문으로, 도리가 없습니다. 방장군이기에 큰 손실이 없이 무사했던 것이니까, 역시 맹장이지요. 정치에 대한 욕심을 가졌으면 하는 거지요. 그만큼 뛰어난 병법가니까, 그 솜씨를 정치 쪽에도 돌려 주셨으면 이 나라 정치도 많이 좋아질 것으로 생각합니다만, 전혀 관심이 없으니 유감입니다. 하기야 사람에게는 저마다 장점, 단점이 있으니까, 그것이 도리어 다행이라고 할 수도 있겠지요.」

이런 평이 나돌았다.

그 중에는 이런 평도 있었다.

「전쟁은 잘합니다. 그러나 물욕이 너무 강해요. 방장군처럼 재물을 탐하는 이는 보기 드물지요, 보통 이상으로 나쁜 짓을 해서 거둬들이는 일은 있지만, 뿌릴 줄을 모릅니다. 한 번 손에 넣으면 절대로 놓지 않아요. 이 점은 장군의 스승인 오기 장군과는 전혀 다릅니다. 오기 장군은 심하게 거둬들이지만, 잘 뿌렸지요. 그러기에 장병들이 크게 따르며, 장군을 위해서는 언제나 죽을 마음을 가지고 있었는데, 방장군은 장병들이 그토록 따르지는 않습니다. 장군의 집에는 억대의 재물이 쌓여 있다는 소문입니다.」

젊을 때 너무 가난했기 때문에 재물에 대해 굶주림을 느낀 탓이라고 판단했다.

그러나, 우선 평이 좋았으므로 빈은 옛친구를 위해 축복했다.

방연의 저택이 있는 거리에도 가보았다. 크고 훌륭해서 넉넉하게 사는 품이 넘쳤다.

(아뭏든, 방연은 소년 때부터의 소망을 이룩했군.)

하고 생각했다.

이튿날 아침, 편지를 써서 하인을 시켜 방연의 저택으로 전하게 했다.

「문지기에게 전하고 오기만 하면 된다.」

하고 문지기에게 줄 돈도 들려 보냈다.

하인은 금방 돌아와 말했다.

「더 징표를 내라. 너 같은 천한 사람의 편지를 이 정도로 대감께 전할 수 있느냐면서 어찌나 까다롭게 구는지, 소인은 은돈 두 닢을 건네 주고 간신히 맡기고 왔습니다.」

「그래, 그거 딱한 일이었구나.」

빈은 하인에게 돈을 더 주었다. 그리고, 아랫것들은 주인의 성격을 닮는 법인데, 방군도 꽤나 사람이 달라진 모양이다, 하는 생각을 품을 수밖에 없었다.

두 시간쯤 지나, 낮이 되기 조금 전이었다. 여인숙 주인이 하인과 함께 방으로 달려왔다.

「손님, 방장군께서 찾아오셨습니다.」

하는 주인의 외침이 들렸다.

「나리, 방장군께서 마차로!」

하는 하인의 외침이 동시에 들렸다.

「그래그래, 알았다.」

빈은 옷차림을 갖추고 나갔다.

방연은 힘찬 말이 이끄는 아름다운 마차를 여인숙 앞 큰길에 세우고, 아름다운 옷차림에 긴 칼을 차고 문간에 서 있었다.

작은 몸은 옛날 그대로였으나, 희고 깡마른 얼굴은 살이 붙고 약간 검은 빛을 띠고, 수염을 시꺼멓게 길러 위엄에 차 있었다. 이런 초라한 여인숙에 이런 고귀한 사람이 왔다고 해서, 큰길에는 많은 사람들이 모여 멀리서 신기한 듯이 바라보았다.

「오, 방장군!」

「손군!」

두 사람은 손을 잡고, 마주 고개를 숙였다. 빈의 가슴에 그리움이 따스한 샘물처럼 넘쳤다. 방연도 같은 마음이었다. 그 눈에 반짝 눈물이 떠 고였다. 그것을 보자 빈도 참을 수 없었다. 뜨거운 것이 눈시울을 적시었다. 이미 냉정한 관찰 같은 것은 없었다. 한결같이 그리운 생각 뿐이었다.

홍노(紅奴)

「왜 이러는가. 왔으면 곧바로 집으로 오지 않고서, 이런 곳에 묵고 있다니! 어려워하는 것도 정도가 있지.」

방연은 마음 상한 듯이 말했다.

빈은 웃었다.

「그렇게 말할 줄 알았네. 그러나, 시골 사람에게는 높은 집은 무서워서 말일세. 오금이 저리거든. 어제 댁 근처까지 가기는 했었지만.」

「농담은 그만두고 당장 옮기도록하게. 자, 어서 타게. 거느리고 온 사람과 짐은 나중에 사람을 보내서 맞겠네. 나는 자네 편지를 보자마자 달려왔네.」

방연은 빈을 재촉하여 마차에 태우고, 손수 고삐를 잡

고, 저택으로 달렸다.

저택에 이르자 방연의 가신들이 열을 지어 맞이했다. 오늘 손님은 가장 중요한 분이라고 방연이 일러둔 탓이리라. 검소한 차림을 한 빈이었는데도, 모두 공경하는 태도였다. 방연에게 끌려, 웅장하고 화려한 방으로 들어가, 방연과 함께 향기 좋은 차를 마시고 있노라니, 한 무리의 여인이 나타났다. 앞에서 있는 여인은 나이 서른 대여섯 살 가량으로, 한창 예쁠 때는 지났지만 기품있는 부인이었고, 따르는 여자들은 모두 젊고 아름다웠다. 온갖 꽃이 어지럽게 핀 꽃밭처럼, 한 무리의 채색 구름처럼 화려한 정경이었다.

앞에 선 부인이 천천히 나오므로 손빈은 의자에서 일어섰다. 방연의 아내가 틀림없다고 생각했기 때문이다. 방연이 위나라에서 벼슬한지 몇 해 뒤, 위나라 귀족의 딸과 혼인했다는 것은 잘 알고 있었다. 그때 축하하는 사람을 보냈었다.

「내 아내일세.」

방연이 소개했다.

「제나라 사람 손빈입니다. 어렸을 무렵 장군과 친하게 되어, 함께 같은 스승에게서 배웠습니다.」하고 빈이 자기 소개를 하자, 부인은 방그레 웃었다.

「성함은 늘 주인에게서 듣고 있습니다. 와 주셔서 감사합니다. 부디 편히 앉으십시오.」

의자에 앉기를 권하고 자신도 의자에 앉았다. 여인은 빈의 아내가 죽은 것에 대해 위로했다. 빈은 마음 써 주는 것에 감사했다.

부인은 상냥하고 기품이 있는 여자였다. 과연 귀족의 딸다운 데가 있다고 생각했다. 빈은 방연이 좋은 아내를 얻은 것을 기뻐했다.

잠깐 정답게 여러 가지 대화를 나눈 다음 부인은 안으로 들어갔다.

빈은 방연과 여전히 갖가지 이야기를 하고 있었는데, 어찌된 일인지 부인을 따라온 시녀들 가운데 한 여자의 모습이 자꾸만 떠올랐다.

그녀는 나이가 열여덟쯤 돼 보였다. 아름답기도 했으나, 단순히 그것만이라면, 시녀들은 다 아름답다. 그녀만이 특별히 아름다운 것은 아니다. 날씬한 그 모습과 얼굴 모양이 죽은 아내를 닮았다.

(나는 아직도 아내의 일을 잊지 못하는구나.) 하고 생각하니, 자신이 가엾게 여겨졌다.

이윽고 다른 방의 준비가 갖춰지자 그리로 안내되어 대접이 시작되었다.

부인도 나와서 남편과 함께 접대했다.

시녀들이 몇 사람 심부름을 위해 와 있었다. 그 시녀도 왔다. 자세히 뜯어보니 아내와 다른 점도 많았다. 아내는 죽을때까지 완전히 여자 구실을 못하는 그런 데가 있었다. 몸이 가늘 뿐만 아니라 얼굴색도 창백하고 기운이 없고, 또 병든 느낌도 있었다. 이 소녀는 몸이 가늘기는 해도 훌륭하게 성숙해 있었다. 살빛도 기름기가 있었다. 그러나, 그러면서도 전체의 느낌이 사뭇 비슷했다.

어디가 닮은 것일까? 빈은 여인의 눈이 닮은거라고 생각했다. 생기가 있는 그 눈은 깊고 부드러우며, 부드럽게 손질한 비단결 같았다.

뭔가 따뜻하기도 하고 서글픈 것을 가슴에 느끼며 빈의 눈은 몇 번이나 처녀 쪽으로 쏠려 그 움직임을 쫓았다.

식탁에는 맛있는 신기한 음식과 안주가 산더미 같고, 잇따라 자꾸 들어왔다. 실컷 먹고 마시고 웃으며 이야기한 다음, 빈은 방연을 따라, 벽돌을 깐 뜰로 나가 거기서 몇 번이나 꼬부라지며, 별채로 떨어진 집으로 들어갔다. 꽤 취해 있었으므로 어디로 어떻게 따라온 것인지 알 수 없었지만, 숲이 있는 안채의 건물들과 떨어져 있어, 아마도 저택 끝에 자리잡은 것처럼 여겨졌다.

「이 곳을 자네가 머물 동안의 거처로 삼게. 큰채에는 공사의 일로 온갖 손님들이 찾아와 번거로운 일이 많지만, 이 곳은 한가하고 조용하다네. 거리낌없이 써주게. 하인을 붙여 두었으니, 내게 볼일이 있을 때는 그들에게 말하면 되네. 곧 내개 전달될 것일세. 자네가 흡족히 여겨서 언제까지나 머물기를 간절히 바라네.」

방연이 말했다.

하인 가운데 한 아름다운 소녀가 차를 가지고 와 권했다.

두 사람은 술 뒤의 차를 즐기며 다시 한가한 이야기를 나누었다.

그 이야기 사이에 빈은 공손앙에 대한 말을 화제에 올렸다.

「아까는 부인께서 자리를 함께 했기 때문에 묻지 못했지만…….」

하고 말머리를 꺼냈다. 공손앙에 관한 얘기였다.

「잘 알고 있군 그래. 자세한 것은 알 수 없지만, 그 같은 풍문이 들리더군.」

방연은 대답하면서도 별 관심이 없는 것 같았다.

「장군은 어떻게 생각하는지 모르지만, 그 사람은 상당한 인물이 아닐까. 빨리 도망쳐 화를 면하라고 말한 공

숙좌의 권고에 대한 대답 같은 것으로 미루어 대단한 인
물로 생각되는데……

　방연은 웃었다.

「비린내 나는 서생일 뿐이지.」

「나이가 젊으면 더욱 그렇지 않나. 앞으로 점점 더 훌
륭하게 된다고 생각해야 옳겠지. 그런 뛰어난 사람을 아
깝게 놓치고 다른 나라로 가게 한 것은, 위나라를 위해
애석하게 여겨지네.」

「하하하! 나는 그렇게 생각지 않아. 나는 그 사람을 만
나지도 보지도 못했네만, 그 녀석은 벼슬길을 찾아다니
는 유세객으로, 위나라에서 우리나라로 와서 공숙좌의
마음에 들어, 그 집 식객이 되었던 걸세. 자네가 감탄하
는 그런 말쯤은, 그런 경우에 처한 유세 무리들의 판에
박은 말이 아닌가. 유세객들은 사람을 놀라게 하고 사람
의 마음을 끌어당겨야 할 필요에서 반드시 기이한 말을
뱉고 기이한 행동을 하지. 놀라고 두려워해야 할 때는
놀라지도 두려워 하지도 않고, 놀랄 일도 두려워할 일도
아닌 때에 도리어 놀라는 척하고 두려워 하는 척하는 걸
세. 유세객으로서는 가장 흔해빠진 수법이야. 나는 내가
유세객이었으므로 그 점은 잘 알고 있네. 공손앙도 버릇
으로 한 말이 우연히 맞은 것에 지나지 않네. 그리고, 공

숙좌가 너무 쇠약해서, 그 때 정신이 없었던 것은 사실일세. 왕께서 공숙좌의 말을 진지하게 듣지 않은 것도 사실이고…. 늘 공숙좌를 보고 있었고, 또 그 날 왕의 모습을 본 공손앙은 그것을 알고 있었을 테지. 몰랐다면 바보도 이만저만한 바보가 아니야. 너무 높이 평가해선 안 되네.」

라고 말하고 방연은,

「그럼 편히 쉬게. 내일 또 보세.」

하고 자리를 떴다.

방연을 보낸 뒤, 빈은 또 아까의 방으로 돌아갔다. 의자에 몸을 기대고 생각했다.

(방연은 옛날과 조금도 다름없다. 감각으로 스스로 살피려 하지 않고, 마음으로 스스로 생각하지 않는다. 세상 사람들의 생각에 동조하고 있는데 지나지 않는다. 저러고서 전쟁과 같은 차디찬 현실에 맞서서 자주 이김으로서, 명장이란 이름을 얻게 되다니, 이상한 일이야. 그렇다면 이것은 오기 선생 덕분으로 위나라 군대가 특히 정예이기 때문이거나, 적이 약한 때문이거나, 방연이 운이 좋은 때문이거나, 그 어느 하나임에 틀림없어. 절대로 방연의 힘과 활동에 의한 것은 아니야….)

생각하는 동안 꾸벅꾸벅 졸았는데, 이윽고 아까 그 하

인아이가 깨웠다. 준비가 되었으니 침실에 들라는 것이었다.

「아, 그만 잠이 들었구나. 꽤 오래 졸았던가.」

「아닙니다. 그리 오래지 않았습니다. 잠깐 동안이었습니다.」

빈은 침실로 안내되었다.

「여기입니다. 심부름시킬 일이 계시면 불러 주십시오. 저는 여기 대기하고 있겠습니다.」

소년은 복도를 사이에 둔 방으로 들어갔다.

빈은 침실 문을 열고 들어갔다.

희미한 등불이 켜져 있었다. 빈은 침대로 다가갔다. 그런데, 그 때 방 한쪽 구석에서 일어난 사람이 있었으므로 빈은 깜짝 놀라 한 걸음 물러섰다.

(누구냐!)

꾸짖는 목소리가 혀끝까지 나오는 것을 간신히 삼켰다. 그것이 여자인 것을 알았기 때문이었다. 또 다음 순간에는, 아까 마음이 끌렸던 그 여인임을 알았다.

「옷을 갈아입으시고…」

나직하지만 방울을 흔드는 것 같은 아름다운 목소리였다. 잠옷을 펴서 양손에 받쳐들고 있었다.

(생각지 못한 일이로군.)

손빈은 생각했다. 잠자코 띠를 풀기 시작하자, 소녀는 조용히 다가와 들고 있던 잠옷을 침대 위에 조심스럽게 놓고, 다시 다가와 무릎을 꿇고 띠를 풀려 했다. 차가운 손끝이 술기운으로 화끈한 빈의 손등에 닿았다.

빈은 스스로 풀던 것을 멈추고 소녀에게 맡겼다. 무릎을 꿇고 있는 소녀의 검은 머리와 흰 목덜미가 희미한 등불에 비치며 눈아래 있다. 향긋한 몸냄새가 향수 냄새와 섞여 피어올랐다.

(나는 그렇게 드러내놓고 이 소녀를 본 일은 없었다. 표나지 않게 보았던 것인데, 무척이나 탐이 나는 얼굴이었던 모양이지. 방연에게는 이런 재치가 있을 리 없다. 부인이 눈치를 챘겠지.) 하고 쓴웃음을 지었다.

소녀는 띠를 풀어 주자 옷을 벗기고 뒤에서 잠옷을 곱게 입힌 다음, 띠를 매어 주었다. 이런 일은 아주 순서 있고 솜씨 좋게 진행되었는데, 소녀는 줄곧 떨고 있는 것 같았다.

(이 소녀는 아직 숫처녀인 것 같다.)

가엾은 생각이 일었다.

침대에 누워 몸을 바로잡고 빈은 말했다.

「너는 밤시중을 들라는 명령을 받았느냐?」

「그렇습니다.」

슬플 정도로 아름다운 목소리였다.

「너는 종이냐?」

「예.」

「손을 이리 다오.」

「예.」

순순히 두 손을 내밀었다. 그 손을 따스한 두 손으로 덮었다. 눈을 감고 만지작거렸다. 떨고 있던 차가운 두 손이 차츰 가라앉기 시작했다.

「나는 너에게 마음이 끌렸었다. 그렇게 말을 하지 않았지만, 부인께선 내 태도로 눈치를 채었으리라. 고맙게 생각한다.」

손을 놓았다.

「자아, 옷을 갈아입고 오도록 해라.」

소녀는 일어나 방 구석으로 가더니 옷을 갈아입기 시작했다. 아주 조심스럽게 움직이고 있었지만, 그래도 차고 있는 구슬이 맞부딪치며 어렴풋한 소리를 냈다.

이리하여, 빈은 방연의 저택에 머물렀다.

방연 내외의 대접도 더없이 극진했지만, 여종 홍노(紅奴)에 대한 애정도 날로 깊어져, 손빈은 방연을 찾아오기를 잘했다고 생각했다.

가을이 될 무렵에 본국으로 돌아갈 예정이었는데, 어

느덧 가을이 지나고 겨울이 되었다. 홍노에 대한 사랑은 깊어 갈 뿐이었다. 홍노를 얻어 데리고 돌아갈 생각이 없는 것은 아니지만, 가만히 태도를 살피고 있노라니 홍노는 위나라를 뜨고 싶지 않은 모양이었다.

「저는 언제까지고 나리를 모시고 이렇게 지내고 싶습니다만⋯. 나리께서 위나라 사람이 되어 주셨으면 합니다. 방장군께 부탁만 하시면 벼슬길에 오르시게 될 것입니다. 나리께서 그렇게 되신 뒤에 저를 종의 신분에서 벗어나게 해 주시면 세상에 떳떳한 몸이 되어 더없이 기쁘겠습니다만.」

종으로 팔려와 갖가지 애타고 분한 일이 있었던 것을 엿볼수 있었다. 세상에서 받은 앙갚음으로 여보란 듯이 자랑하고 싶은 생각이 있는 듯했다.

(그렇다면 소망을 이루어 주리라.)

손빈은 생각했다.

어느날 방연이 빈의 거처로 와서 간단한 술자리를 베푼 일이 있었다. 술기운이 얼큰하게 돌았을 무렵 빈이 말했다.

「장군 내외의 따뜻한 보살핌으로 나도 모르게 너무 오래 머무르고 말았는데, 요즘은 위나라에 뿌리를 내릴까, 하는 생각이 드네. 어떤가, 나를 천거해 주지 않겠는가?」

방연은 웃었다.

「자네는 소년 시절부터 속세에서 영화를 누리는 것은 달가와하지 않는 사람이었잖나. 어째서 그런 생각을 하게 되었는가? 자네 신조로 보았을 때는 타락이 아닌가.」

「심경에 변화가 있었네. 하기야, 영화 같은 것은 지금도 바라지 않네. 벼슬 낮은 문관으로 일을 할 수 있으면 그것으로 충분하네. 나를 천거하는 것쯤이야 쉬운 일이 아니겠는가?」

「그야 그렇지만, 자네 같은 사람이 언제까지고 그런 일에 머물러 있을 수 있겠는가. 그보다, 아무래도 이상하군. 어째서 그런 마음이 들었는가?」

빈은 웃었다.

「여자 때문일세. 홍노를 얻어 본국으로 데리고 돌아갈 생각이었는데 아무래도 홍노가 위나라를 떠나기를 바라지 않는 모양일세. 그래서, 내가 이 나라에 머물 수 밖에 없다고 생각한 걸세.」

「아하하! 여자인가. 여자 때문인가? 자네 같은 사람도 그런가.」

방연은 웃었다. 그러나, 그는 갑자기 화를 냈다.

「그런 홍노가 좋지 않아. 나는 홍노를 자네에게 줄 생각이었네. 아직 절차는 밟지 않았지만 자네가 돌아갈 때

절차를 밟아 자네 종으로 만들 생각이었네. 종이 주인의
뜻을 거역하여 가고 싶지 않다느니 하는 말을 한다는 것
은 있을 수 없는 일아닌가. 자네가 홍노로 인해 그런 생
각이 든 것이라면, 조금도 걱정할 것 없네. 데리고 돌아
가도록 하게. 내가 야단치겠네.」

「아냐, 아냐.」

빈이 만류했다.

「그렇게 화내지 말게. 나는 그 아이를 무척 사랑하고
있어. 그 아이가 싫은 것을 억지로 데리고 가고 싶지 않
아. 그보다도 나를 천거해 주게. 그러면 그것으로 끝나
는 걸세.」

「그건 그렇지만. 그러나, 자네가 벼슬을 할 수 있겠는
가. 더구나 하급관리로서.」

그 말을 듣고 보니 좀 불안하기도 했다. 대답을 할 수
없었다.

방연은 생각에 잠긴 듯 잠자코 있다가 말했다.

「하급관리라면 내가 천거만 하면 금방 결정될 수 있어.
그러나, 비록 그렇게 해도 자네가 견뎌낼 수 있을 것으
로는 생각지 않네. 그리고, 그 홍노는 신분에 맞지 않게
영리한 아이일세. 처음에는 자네가 지위가 낮아도 관리
라는 것에 만족하겠지만, 이윽고는 마음에 차지 않을 걸

세. 그 아이를 만족시키기 위해서 높은 벼슬을 하고 싶어질 것이 틀림없네. 그러나, 자네는 여지껏 궁중에서 벼슬한 경험이 전혀 없는 사람일세. 하급 관리는 보통 사람으로서는 해낼 수 없을 정도로 인간관계가 귀찮기 이를 데 없는 걸세.」

　이 때 빈이 취하지 않았으면 좋았다. 취했다 해도 크게 취하지만 않았어도 괜찮았으리라. 주량이 있었기에, 많이 마시고 크게 취했다. 빈은 깔깔 웃으며 말했다.

　「자네 말이 정 그렇다면 차라리 나를 위왕의 모신으로 천거해 주게. 내 역량과 재간은 장군이 잘 알고 있겠지.」

　「그야 알고 있네만, 이 사람아, 현실 세계는 너무도 복잡해서 여간 어려운게 아닐세. 우리의 옛날 생각이나 이치만으로 논할 수 있는 것이 아닐세.」

　방연의 얼굴에는 쓴웃음 같은 미소가 떠올랐다. 방연의 말보다 그 미소가 빈의 감정을 건드렸다. 이것도 취한 때문이었다. 빈은 크게 너털웃음을 웃었다.

　「장군, 이런 이야기가 있네. 옛날 두 젊은이가 있었는데, 같은 스승 밑에 배우며 친형제처럼 다정한 사이였다네. 한 사람은 어느 나라에 벼슬해서 장군이 되고, 한 사람은 벼슬을 하지 않고 집에 있었네. 한 사람이 벼슬한 나라가 그 이웃 두 나라로부터 공격을 받아 도성이 포위되었지. 장군이 된 사람은 몸이 달아 여러 번 돌격해서 포위를 풀려 했으나 잘 되지 않고, 멀지 않아 곧 성이 무너질 판이었네. 집에 있던 젊은이는 친구의 처지를 딱하게 여겨, 편지를 써서 자기 나라 장군의 집에 던져 넣었지. 두 나라가 이기는 것은 우리나라에 이롭지 않다는 내용이었네. 그 장군은 그 편지에 마음이 움직여 왕을 달래어 군대를 이끌고 구원을 떠났네. 그래서, 두 나라는 포위를 풀고 저마다 저희 나라로 돌아갔다는 이야기일세....」

방연의 얼굴색이 변하며 침착을 잃기 시작하는 것을 빈은 보았다.

그러나, 그만둘 수도 없었다. 말을 이었다.

「어떤가, 재미있는 이야기가 아닌가. 만일 누가 그 젊은이를 모신이 될 역량이 없다고 단정한다면, 장군은 과연 그것을 옳다고 하겠는가?」

토끼올가미

　방연은 빈을 바라보았다. 꽤 오랜 시간이었다. 빈도 방연을 바라보았다. 무서운 일이 벌어지게 될지도 모른다는 생각이 들었다. 이런 말을 하지 말았어야 했다고 후회도 했다. 그러나, 말해 버렸다. 웃음을 띠며 술잔을 들어 입으로 가져갔다.

　방연의 입 언저리가 실룩거렸다. 낮은 목소리가 들렸다.

「그것이 바로 자네였던가...」

　빈은 웃고 말했다.

「비유해서 한 이야기일세. 나는 장군의 힘으로 이 나라에서 벼슬했으면 하고 생각하는 것 뿐일세.」

　그러나, 이 말이 강요처럼 된 것을 깨달았다.

　자꾸만 실수를 하는구나. 무던히 취한 모양이다. 하고
또 후회 했다.

「취했네. 언젠가 다시 또 부탁하겠네 오늘밤은 이만 하
겠네.」

　방연은 고개를 끄덕이면서 생각에 잠겼다가 말했다.

「나는 자네가 벼슬하려는 뜻에 찬성하지 않네. 그것은
자네를 위하는 생각에서였네. 나쁘게 생각지 말아 주게.
그러나, 자네 마음이 그토록 굳으면 내가 왜 반대하겠는
가. 내 힘 닿는 데까지 자네를 왕의 모신으로 천거하겠
네. 그렇게 되면 나로서도 크게 도움이 되겠지. 이 나라
에서의 내 지위는 아직 안전하지 않네. 자네가 이 나라
에 벼슬하여 서로 힘을 합치게 되는 것은, 내게도 바람
직한 일 일세.」

　흉허물 없는 그런 말투였다. 그러나, 문득 목소리를 낮
추었다.

「그러나, 아까 한 이야기는 다른 누구에게도 말하지 말
아 주게. 그렇게 해주겠지?」

　빈은 자기가 말한 일이 방연의 자존심을 몹시 상하게
한 것을 알았다. 상처에는 기름을 바르고 붕대를 감아
주지 않으면 안 된다.

「공연한 일에 신경쓰지 말게. 그것은 비유로서 한 이야기야. 실지 이야기가 아닐세. 나는 벌써 잊었네. 장군도 잊어버리게.」

「고맙네.」

방연은 손을 내밀어 악수를 청하고, 힘껏 잡고 흔들었다.

「나는 여러 가지로 자네에게 은혜를 입었군 그래. 말로 아무리 감사한들 어찌 그 은혜에 보답할 수 있겠는가.」

「무슨 그런 소리를. 나는 장군에게 그런 말을 듣고 싶지 않네. 내가 바라는 것은 장군의 옛 정으로 이 나라에 벼슬하는 일이야. 나는 결코 장군의 처지를 욕되게 하지 않을 걸세. 반드시 이 나라를 위해 일하는 동시에 장군의 가장 믿음직스런 날개가 될 것을 맹세하네.」

「꼭 그렇게 부탁하네.」

빈의 우정이 새로 타오르며 눈물이 글썽해질 정도로 감동했다. 방연도 마찬가지였다.

두 사람은 다시 술을 마시고, 밤이 깊어서 헤어졌다.

이튿날, 방연은 빈에게, 뭔가 왕에게 보일 글을 써달라고 했다.

「나는 물론 말로 자네의 인물과 재주를 아뢰겠네. 그것을 실지로 증명할 자네 글이 있으면 말하기가 쉬울 것

아닌가.」

「그야 어렵지 않네.」

빈은 긴 글을 썼다. 열국의 형세를 논하고, 이 형세 속에 있으면서 위나라가 국력을 펴나가려면 어떻게 해야 할 것인가를 정치・외교・군사의 각 방면에서 논했다.

사흘이 걸려 다 쓰고, 하루 걸려 정서했다.

빈은 이 글에 자신이 있었다. 논지는 예리하고 면밀주도 하고 뛰어났으며, 문장은 힘차고 명쾌했다.

「다 되었네, 한 번 읽어 주게.」

글을 방연에게 주었다.

방연은 곧 받아 읽더니 다 읽고 나서 감탄했다.

「어렸을 때 나는 자네 재주를 하늘이 준 것이라 하여 부럽게 생각했는데, 더욱더 가다듬어졌군. 일찍이 한 번도 벼슬에 오르지 않고 그 나이가 되도록 숨은 선비로 지내온 자네가, 이렇게까지 천하의 형세에 통해 있고, 그리고 그것을 분석하는 명석함이 무서울 정도일세. 자네를 왕에게 천거하는 일은 단순히 우정 때문만은 아닐세. 남의 신하된 사람으로서 지켜야 할 의무도 있네. 왕은 틀림없이 탄복할 걸세. 마음놓고 기다리고 있게.」

방연은 그 글을 가지고 곧 입궐했다. 저녁에 돌아와서 말했다.

「전하께 올렸으니, 곧 무슨 소식이 있을 걸세.」

왕으로부터는 아무 소식도 없었다. 그러나, 이런 일이 그렇게 급히 추진되지 않는다는 것을 빈은 잘 알고 있었다. 빨라도 두 달은 걸리겠지, 하고 생각했다.

벌써 그 해도 저물어가는 한 달 뒤였다. 방연은 빈의 처소에 와서 말했다.

「시일이 늦어서 미안하네. 오늘 측근에게 들었는데 왕은 아직 자네의 글을 읽지 않았다는 걸세. 난 놀랐네. 당장 왕을 뵙고 읽어 주십사 하고 청하고 싶었네만, 마침 세모(歲暮)라 이것저것 바쁜 일이 많을 것으로 생각되어 뒤로 미루었네. 새해가 밝아 봄이 되면 꼭 청을 올릴 생각으로 있으니, 부디 얼마 동안만 기다려 주게.」

아직도 기다리란 말인가, 하고 약간 어이가 없었지만 몸이 달아 하는 방연이 딱한 생각도 들었다.

「기다리다 뿐인가. 그런 일이 그렇게 급히 이뤄지지 않는다는 것은 나도 알고 있네.」

하고 대답했다.

「알아 주니 고맙네.」

방연이 말했다.

「기다리는 기분도 달랠 겸 사냥이나 가면 어떨까?」

「사냥? 매사냥인가? 개사냥인가? 철은 사냥철이군. 사

냥감이 많은 곳이 있는가?」

빈은 갑자기 마음이 끌렸다.

「개사냥일세. 토끼가 많은 곳이네.」

토끼가 다닌 길이 새것인지 묵은 것인지를 분간하여, 가장 새롭게 난 길 요소요소에 덫을 놓고, 개를 놓아 내몰게 하여 덫에 걸리게 하는 것을 개사냥이라고 한다. 개가, 지시한 길을 냄새 맡는 모습과, 이윽고 그 곳에서 풍기는 냄새를 맡아, 조심스럽게 냄새를 따라 덤불 속으로 나아가는 모습, 점점 가까이 가, 마침내 토끼 있는 곳에 이르러 짖어대며 뒤쫓는 것들을 빈은 생생하게 머리에 떠올렸다. 가슴이 부풀 정도로 즐거웠다.

「산인가? 들인가?」

「들에서부터 산에 걸쳐서일세.」

「풀이 많은가? 나무가 많은가?」

「산에는 나무가 무성하고 들은 풀밭일세.」

「재미있겠군.」

나무가 많은 곳과 풀이 많은 곳은 사냥하는 방법이 다르다. 나무가 많은 곳은 덫이 좋지만, 풀이 많은 곳은 그물이 좋다.

「개는 좋은 놈이 있더군. 특히 그 검둥개는 뛰어나네. 괜찮겠지. 기꺼이 가겠네.」

10여 마리 있는 방연의 사냥개 가운데, 새까맣고 눈썹 있는 곳만이 군데군데 노란점이 있는 유명한 개다.

이 집에 왔을 때부터 빈은 눈독을 들이고 있었다.

「그래 언제인가?」

「내일은 어떤가?」

「더욱 좋지.」

퍽 오래간만의 일이다. 기력이 새로웠다.

이튿날 아침 일찍, 날이 채 밝기도 전에 떠났다.

서리가 눈처럼 하얗게 내린 새벽이었다.

말 네 마리가 끄는 마차에 방연과 빈이 나란히 타고, 그 뒤에 개를 담당한 부하가 10여 마리 개와 함께 탔다. 마차가 이어지고, 맨 뒤에 따른 사람 몇 명이 말을 타고 좇았다.

한 시간쯤 마차를 달리자 해가 뜨고 곧 사냥터에 닿았다.

끝없이 마른 풀이 이어진 들이다. 군데군데 작은 덤불과 못이 흩어져 있었다. 온통 하얀 서리에 뒤덮여 막 떠오른 아침 해에 비치어 번쩍번쩍 빛나고 있었다. 사냥에 익숙한 빈은 이 들이 사냥감이 많다는 것을 금방 알았다. 들짐승들도 들새도 틀림없이 많을 것이다.

「잘못했군. 매도 가지고 올 걸 그랬어. 새가 꽤 있겠는데.」

빈은 이렇게 말하고 마차에서 뛰어내렸다.

「그야 그렇지만 토끼가 더 많네. 하기야, 토끼는 이 들보다 저쪽 산에 더 많지만 저 산은 반 이상이 들어가지 못하는 지역일세. 그러나, 우리는 상관없네. 들사냥을 한 뒤 산에서 사냥을 하자구.」

방연은 왼쪽 산을 가리켰다. 나무가 많은 산이었으나 이 쪽을 바라보는 쪽은 잎이 다 떨어진 잡목숲에 덮여 있어서 불을 놓으면 활활 타버릴 땔감처럼 보였다.

빈은 흥분한 나머지 정신이 없었다. 서리를 밟고 마른 들을 돌아다니며, 정성들여 사냥감이 지나다니는 길을 찾아 덫을 놓았다.

방연은 따라왔으나, 빈이 하는 일을 바라볼 뿐이었다. 오늘은 빈을 주빈으로 즐겁게 해 줄 작정인 것 같았다. 이따금,

「역시 자네는 전문가야.」

라든가,

「익숙한 솜씨로군.」

하며 칭찬했다.

덫을 다 놓고 나자 개를 놓았다. 전부 놓지 않았다. 가장 이름있는 개로 점찍어둔 검둥개만을 놓았다.

검둥개가 용감하게 내달린다는 말 그대로, 꼬리를 흔들고 얼음을 박차며 마른 들판을 달려나가자, 남은 개들은 모두 몸이 달아 야단법석을 떨었다. 마차에 붙들어맨 줄을 서로 비꼬며 뒷발로 서서 몸부림쳤다.

사람이 타일러 개가 겨우 진정했을 무렵, 벌써 저 멀리 풀속으로 들어가 모습이 보이지 않는 검둥개가 짖어대는 소리가 들렸다. 토끼를 찾아내어 내모는 소리다. 왕왕, 쉴새없이 짖는 소리가 들을 누비며 옮기기 시작했다.

날카로운 눈으로 그 쪽을 바라보고 있던 빈은 느닷없이 쏜살같이 내달리기 시작, 들 저 멀리로 사라지더니 이내 토끼 귀를 잡아 아래로 늘어뜨리고 검둥개를 데리고 돌아왔다. 온몸이 진흙투성이가 되어 있었지만, 생기 있는 얼굴색과 눈의 반짝임은 물에 놓인 물고기처럼 생기찼다.

다음 장소에서 좀 살펴보더니 빈은,

「여기는 그물이 좋아. 이 곳에는 적어도 다섯 마리는 있네.」

하고 그물을 친 다음 개를 모조리 놓아보냈다.

개들은 요란스럽게 짖어 대며, 마른 들판을 달려 토끼를 내몰았다. 빈의 말대로 그물에는 분명 다섯 마리의 토끼가 걸렸다.

「기막히군. 귀신의 재주나 다름없어.」

하고 방연이 칭찬을 하자 빈은 웃었다.

「소년 시절부터 수십 년 동안의 취미일세. 이 정도야 할 수 있지.」

잠깐 쉬고 가벼운 식사를 들기도 하고 술을 마시기도 한다음, 또 시작하려 했을 때, 수레로 달려오는 사람이 있었다. 종자가 알렸다.

방연의 부하였다.

「무슨 일인가? 급한 일인가?」

방연은 일어나 갔다.

부하는 조용조용 대답했다.

방연은 고개를 끄덕이기도 하고, 되묻기도 하는 것 같더니 이윽고 돌아왔다.

「궁중에서 부르시는 것이 아닌가?」

하고 빈은 물었다.

「맞네. 급히 왕께서 부르신다는 기별이 왔네. 모처럼 즐기려 했는데. 안 됐네만 가야겠네. 자네는 남아서 계속해 주게.」

「알았네. 자네가 있는 편이 재미야 훨씬 더 있지만, 혼자서도 즐겁지 않을 거야 없지. 모처럼 베풀어 준 대접이니 실컷 즐기고 가겠네.」

빈은 웃으며 대답했다.

방연은 돌아갔다.

빈은 사냥을 계속했다. 사냥감은 얼마든지 있었다.

사냥터를 들에서 산으로 옮겨 여전히 계속했다.

산사냥은 들과 달라 맛이 또 다르다.

흥이 더했다. 따르는 사람들을 산기슭에 남겨 두고, 검둥개만을 끌고 깊이 들어가 사냥을 계속했다.

정신없이 사냥을 계속하는 가운데 어느덧 경치가 다른 지역으로 나왔다.

지금까지는 나무가 자연 그대로 어수선하게 무성해 있었는데, 지저분한 아랫가지와 풀이 없고, 나무 생김새가 아름답게 정돈되어 있는 것이 아무래도 사람의 손이 간 것 같은 지역이었다. 사냥을 시작하기 전에 방연이, 저 산은 반 이상 들어 가지 못하게 되어 있다고 한 말이 생각났다.

(이럴 수가 있나. 아무래도 금지된 산으로 들어와 버린 모양이다.)하고 돌아서려 했는데, 그 때 뒤 쪽에서 요란한 발소리가 어지럽게 들리며,

「게 섯거라!」

하고 외침 소리가 울렸다.

고요하기 그지없는 겨울 산에 그 목소리는 무섭고 우

렁차게 울려 뱃속까지 느껴졌다.

빈은 돌아보았다. 놀라기는 했지만 두려워하지는 않았다. 모르고 들어온 것이므로 충분히 변명을 할 수 있다고 믿었다.

가까이 온 것은 다섯 사람이었다. 갑옷과 투구를 쓰고, 칼을 차고 있었다. 세 사람은 활과 화살을 가졌고, 양쪽 끝의 두 사람은 긴 창을 들고 있었다.

창을 든 두 사람이 재빨리 빈의 뒤로 돌아 도망갈 길을 막고, 활과 화살을 가진 사람이 삼면에서 둘러싸고 조금씩 죄어 들었다. 세 사람 모두 활에 화살을 메기고, 이따금 화살촉을 이리로 돌렸다.

「돼먹잖은 놈 같으니라구! 왜 여기에 들어왔느냐!」

한가운데 사람이 물었다.

「죄송합니다. 그만 모르고 들어왔습니다.」

「모를 리가 있느냐? 이 곳은 공주님의 능묘가 있는 곳이다. 이 나라 사람으로 모르는 사람이 없을 리 없다!」

빈은 놀랐다. 그러나, 변명이 안 되리라고는 생각지 않았다.

「그렇습니까? 그러나 저는 전혀 몰랐습니다. 저는 이 나라 사람이 아니고, 제나라 사람입니다. 지난 여름 처음으로 이 곳 친구를 찾아와서 줄곧 묵고 있었는데, 오늘 친구를 따라 사냥 나왔습니다. 이 산 어느 지역이 금산인 것은 친구에게 들었습니다만, 능묘인 것은 듣지 못했습니다. 죄송합니다만, 그만 구역을 모르고 들어왔을 뿐입니다. 이 사람이 사냥을 한 것은 구역 밖이었습니다. 관대히 용서해 주시기 바랍니다.」

「친구란 누구냐?」

「그것은.....」

빈은 대답을 망설였다. 이런 때 방연의 이름을 말해서는 안된다고 생각한 것이다.

「수상한 놈이다! 너는 도둑이지? 능묘에 들어 있는 보물을 훔치려고 들어온 것이 틀림없다! 용서 못한다.」

이제 도리가 없다고 생각했다.

「내 친구는 방연 장군입니다.」

「거짓말 마라!」

「절대 거짓이 아닙니다. 의심이 나시면 이 산기슭에 방장군댁 사람들이 기다리고 있으니, 함께 가십시다. 내 신분을 증명해 줄 것입니다.」

「거짓말이다!」

하고 한 사람이 호통치고,

「비록 방장군 댁 손이라 하더라도 능묘를 범한 것은 큰 죄다. 우리 임의로 처리할 수 없다.」

라고 또 한 사람이 말했다.

「무기를 버려라!」

하고 다른 한 사람이 외쳤다.

　무기라고 할 만한 것은 갖고 있지 않았다. 짧은 사냥칼을 허리에 차고 있었는데, 그것을 칼집째 빼서 상대방 발 밑에 던졌다.

　은이라든가 돈이든가, 아쉬운 대로, 차는 구슬이라도 지니고 있으면, 그것을 주고 어떻게 이야기를 끝낼 수도 있을 것이라고 생각했지만, 그 날은 아무것도 지니지 않았다.

　수비병들 가운데 두 사람은 아직 화살을 겨눈 채였고, 한 사람이 활과 화살을 놓고 가까이 와서, 팔을 잡고 뒤로 비틀어 올리려 했다. 허리에 차고 있던 토끼 3마리가 앞으로 밀려 나왔다.

　빈은 당황하여 그것을 잡았다.

「잠깐만 기다리시오! 나는⋯.」

하고 말했으나 사정없이 따귀를 맞았다. 눈에 불이 번쩍했다. 두 팔을 힘껏 비틀어 올리고 오랏줄을 걸었다. 토끼는 창을 든 수졸들이 빼앗았다.

　빈이 무슨 소리를 해도 듣지 않았다. 뭐라고 말을 할 때마다 사정없이 얻어맞을 뿐이었다. 빈은 시달려 녹초가 되었다.

검둥개는 처음 불안한 듯이 바라보고 있더니, 어느 사이엔지 없어졌다. 급한 것을 알리러 갔는지도 모른다.

산길을 억지로 끌려 내려간 곳은 빈이 들어올 때와는 반대쪽인 듯한 산기슭이었다.

그 곳에는 초소가 있고, 다른 몇 명의 수비병이 기다리고 있다가 달려나왔다. 빈에게서 토끼를 빼앗은 수비병이 그들 앞에 토끼를 집어 던졌다.

「자, 저녁 반찬을 만들어라.」

「야아, 좋은 것이 있었구나.」

하고 모두 환성을 질렀다. 빈은 거들떠보지도 않았다.

빈은 소리쳤다.

「자네들은 후회하게 될 것이다. 나는 방연 장군의 가장 친한 친구다. 나는 모르고 들어온 것이다. 그리고, 들어왔을 뿐 아무것도 한 짓은 없다. 그런 나를 이렇게까지 해도 괜찮다고 생각하는가. 자네들은 틀림없이 이 댓가를 받을 것이다! 그때 가서 후회하지 말고, 어서 나를 풀어라!」

그러나, 수비병들은 와자하게 웃어 댈 뿐, 토끼를 요리하기 시작했다.

슬절형(膝切刑)

밤이 들기를 기다렸다가 빈은 도성으로 끌려가, 감옥에 갇혔다.

엄격한 조사가 시작되었다. 조사의 내용은, 능묘 안에서 몰래 사냥을 하고 있었다지만, 그것은 능묘 속의 부장품을 몰래 파낼 계획으로 미리 알아보러 왔던 것이 틀림없다. 바른 대로 말하라는 것이었다.

빈은 그날 일을 자세히 설명하고 방장군을 만나게 해 달라고 요구했으나, 관원들은 들어 주지 않았다.

「네가 능묘 안에서 몰래 사냥한 것은 수비병의 보고로 명백하거늘, 그것을 숨기려드니 보통 못된 놈이 아니다. 보통으로는 자백하지 않겠다.」

하고 소리치고, 아랫사람을 시켜 고문하려 했다.

「이럴 수가! 제가 어떤 사람인지는 방장군이 잘 압니다. 장군에게 물어 주십시오!」

빈은 결사적으로 외쳤지만, 상대도 해 주지 않았다.

「너처럼 근거없는 놈에게 방장군 같은 분이 무슨 상관이 있다는 거냐. 혹여 얼굴을 안다 해도 이 사건과는 관계없다. 함부로 높으신 분의 이름을 입에 올려 법의 집행을 막다니, 못된 놈! 사정없이 쳐라!」

하고 한층 화를 내며 마구 매를 쳤다.

빈은 하루의 조사로 온몸이 피투성이가 되어 감옥으로 돌아갔다. 숨이 넘어갈 듯이 쇠약해졌다.

좁은 방 한구석 차가운 바닥에 배를 깔고 누웠다. 등을 가장 심하게 맞았기 때문에 반듯이 누울 수도, 옆으로 누울 수도 없었다.

곧 죽음 같은 잠이 왔다. 실제로 반은 죽어 있었다.

몇 시간이 지나, 해가 진 다음 잠에서 깼다. 불로 지지는 것 같았던 온몸의 아픔이 마비되었는지, 몸을 움직이지만 않으면 그다지 아픈 것 같지도 않았다. 배를 깔고 엎드린 채 생각했다.

(아무래도 이상하다…. 내가 끝내 돌아오지 않으면, 산기슭에 남겨 둔 방연의 부하들이 나를 찾으러 산으로 들

어갔을 것이다. 찾아도 보이지 않으면 능묘 초소에 와서
물었을 것이다. 내가 이리로 끌려 온 뒤라면, 돌아가 방
연에게 아뢰었을 것이다. 방연은 나를 찾아내기 위해 손
을 썼을 것이다. 내가 체포된 지 벌써 하루낮 하루밤이
지나갔다. 방연이 과연 나를 구해내려고 손을 쓰고 있는
것일까? 쓰고 있다면, 늦어도 오늘 낮까지는 내가 풀려
났을 것이 아닌가….)

　이렇게 생각하고, 몸을 뒤척이려 하자 힘줄이 당겨 온
몸이 다시 아파왔다. 소리도 낼 수 없고, 숨도 쉴 수 없
었다. 이를 악물고, 될 수록 몸을 편히하여 아픔을 견디
었다.

　(방연이 알고 있으면서 손을 쓰지 않을 리는 없다. 그
렇다면, 방연이 모르고 있는 것이 아닐까. 그는 왕이 급
히 불러서 갔다. 어떤 일로 불렀는지는 모르지만, 일부
러 사냥나온 곳까지 찾아올 정도라면 매우 중요하고 급
한 일일 것이다. 그렇다면, 그 볼일로 당장 어디 멀리 떠
난 것인지도 모른다.…… 그렇겠지, 아마 그럴 거야. 그
렇지 않고는 이럴 리가 없다.)

　빈은 이 추측이 옳을 것으로 믿었다. 일이 어렵게 됐다
고 생각했다. 한 스무 날 정도로 돌아오면 다행이지만,
사신으로 외국에라도 갔다면, 아무리 빨라도 석 달은 걸

린다. 이런 고문을 날마다 당하게 되면 죽을 것이 틀림
없다고 생각했다.

　(사람은 언제 어떤 운명에 빠질지 모르는군, 나 같은
사람이 이런 화를 당할 줄이야!)

　눈물이 쏟아졌다.

　소리내지 않고 우는 동안 이런 생각도 떠올랐다.

　(방연이 집에 없더라도 집에있는 다른 부하들이 어떻
게 해야만 할 터인데, 전혀 그런 기미가 보이지 않는다.
하고 있는 것일까? 하고는 있어도 받아들여지지 않은 것
일까? 방연 같은 높은 지위에 있는 사람이면, 그가 없는
동안 집안 일을 대신 보살피는 사람의 말도 소홀히 다루
지는 않을 터인데. 어쩌면, 언젠가 방연이 말하기를, 자
기는 아직 이 나라에서의 지위가 안전하다고만 할 수 없
다고 말했었는데, 그에게는 반대 세력도 상당히 있는 것
이리라. 어쩌면 저 취조관은 그 반대파의 한 사람일지도
모른다. 반대파치고는 말단 사람이겠지만, 상관에 잘 보
이려고 일부러 청을 받아들이지 않는지….)

　절망감이 가슴을 어둡게 했다.

　빈은 꾸벅꾸벅 졸았다. 잠이 깨자 또 생각했다.

　(상관에 대해 충성을 하기 위한 것이라면, 도리어 이
사건에 방연을 끌려들게 하여 그를 실각시키려 할 것이

다. 취조관은 내가 하는 말을 전혀 받아들이지 않았다. 그렇다면, 방연의 반대파는 아니다. 결국 방연의 집 사람들은 전혀 구출 운동을 하지 않고 있는 것이 틀림없다.)

논리는 냉혹했다. 감정과는 상관없이 가야 할 곳으로 가서, 다시 사정없이 비약했다.

(방연이 도읍을 떠났다든가, 외국으로 갔다든가 하는 것은 내 상상에 지나지 않는다. 사신이라면 물론이고, 단순히 나라 안이라 하더라도, 어제 왕의 부름을 받아 당장 떠나는 일은 있을 수 없다. 방연은 아무데도 가지 않았다. 자기 집에 있다. 그가 아무 손도 쓰지 않은 것은 나에게 형벌을 주어 영영 못쓰게 만들 작정이기 때문이다.)

가장 무서운 결론을 내리고 빈은 치를 떨었다.

그럴 리가 없다고 부인했다. 소년 시절부터 사귀던 일을 생각하고 방연에 대해 자기가 애쓴 갖가지 일들을 생각하고, 있을 수 없는 일이라고 결론을 내리려 했으나, 잇따라 떠오르는 일들은 모두 이 무서운 결론을 강하게 뒷받침 할 뿐이었다.

빈은 안읍의 포위가 어째서 풀렸는지를 말했을 때의 방연의 표정을 생각했다. 그 이야기를 다른 사람에겐 절대로 말아 달라고 방연이 부탁한 말을 생각했다. 갑자기 사냥 가자고 불러낸 것도 이상하다면 이상했다. 방연은 금산이란 말은 했지만 능묘란 것을 말하지 않은 것을 생각했다. 왕의 부름이 있다고 하고 도중에 돌아간 것도, 이렇게 되고 보면 수상했다.

  (어째서 방연은 나에게 이런 악랄한 짓을 하는 것일까!)

  대답은 아주 쉬웠다.

  (내 재주를 시기한 것이다. 내가 일개 필부로서 제나라 시골 구석에 조용히 있다면 그는 나를 시기할 필요가 없다. 넉넉하고, 현명하고, 우정이 두터운 친구로서 친하게 사귈 수 있지만, 내가 벼슬길에 올라, 더구나 같은 왕을 섬기겠다고 말했으므로, 가장 무서운 경쟁자가 된다고 생각한 것이다.)

  이렇게 생각했지만, 빈은 믿고 싶지 않았다. 믿는 것은 자기가 벗어날 방법이 없는 죽을 곳에 빠져 있는 것을 인정하는 것 밖에는 안 되었기 때문이다. 뭣보다도 소년 시절부터 친한 친구인 방연을 그런 간악한 사람으로 생각하고 싶지 않았다.

  사마천은 〈사기〉 열전에서, 이 이상한 화를 논평하여 손빈 같은 지자(智者)가 미연에 피하지 못한 것은, 아는 것과 행하는 것과는 서로 다른 때문이었을까, 사람은 얼마나 슬픈 존재일까, 하고 탄식했는데, 이 때 손빈의 마음도 이런 인간적인 약점 때문일 것이다.

심한 고문이 날마다 계속되었다.

빈은 방연이 구출해 줄 것에 한 가닥 희망을 걸고 있었으나, 아무리 기다려도 그런 기미는 보이지 않았다. 방연의 계획에 의한 변이라고 믿지 않을 수 없게 되었다.

제나라에서 데리고 온 하인이 용케 빠져나가 본국으로 돌아가 준다면 동생들이 무슨 방법으로 구해낼 수도 있으련만, 방연 같은 철저한 사람이 그대로 하인을 놓아줄 리가 없다. 하인을 죽였을 것이라고 생각했다.

이미 살아날 방법은 없다. 죄를 인정하면 물론 사형당하겠지만, 끝까지 버틴다 해도 결국은 고문으로 죽고 말 것이 뻔했다.

(이왕 죽을 바에는 차라리 죄를 인정하고 깨끗이 처형당하는 편이 낫다.)

방연에 대한 미움과 원한이 뼈에 사무쳤지만 어쩔 수 없었다. 죽어서 원귀가 되어 원수를 갚는 길밖에 없다고 생각했다.

죄를 인정하기로 했으나, 그래도 말은 이렇게 했다.

「저는 분명 그 곳에서 토끼 사냥을 했습니다. 그러나, 그것은 그 곳이 능묘라는 것을 몰랐기 때문입니다. 따라서, 도굴 같은 생각을 했을 리가 없습니다. 신성한 지역인 것을 모르고 사냥을 한 죄라면 달게 받겠습니다.」

최후의 노력이었다. 이런 주장이 받아들여지지 않는다고 해야 본전이다. 만에 하나 받아들여진다면 죽음은 면하게 될지도 모른다고 생각했지만, 받아들여질 것으로는 생각되지 않았다.

그러나, 뜻밖이었다. 판관은 만족한 듯이 고개를 끄덕이고,

「꽤 오래 끌었지만 결국은 자백했군.」

하고 그대로 받아들였다.

며칠 후, 형이 언도되었다.

〈빈(臏)에 처하고, 그 몸을 관노로 한다.〉

라는 것이다.

〈빈〉이란 것은 본디 무릎 종지뼈를 말하는 것으로, 종지뼈를 떼어내 걷지 못하게 하는 것을 〈빈형〉이라고 한다. 그러나, 후에는 무릎뼈 아래를 잘라 버렸다.

잔혹한 형벌이었다. 그러나, 빈은 다행으로 여겼다. 그의 마음은 방연에 대한 증오심과 복수심으로 소용돌이 쳤다. 비록 병신이 되더라도, 목숨만 붙어 있으면 원

한은 갚을 수 있을 것이다. 꼭 갚고야 말겠다고 굳게 결심했다.

처형은 그 날로 실시되었다. 빈은 형을 받고 병실로 들어갔다. 물론 치료는 해 준다. 빈은 살아야만 한다고 생각했기 때문에, 의사가 이르는 말을 잘 지켰다.

누워 있으면서 빈은 자기가 사형을 받게 되지 않은 것에 대해 여러 모로 생각해 보았다.

(내 마지막 진술이 받아들여졌기 때문에, 거기에 해당한 형벌이 내려진 것이다. 그러나, 그 판관은 분명히 방연의 영향을 받았을 것이다. 혹 방연이 나를 죽일 작정이었다면, 내 주장을 인정하지 않고 여전히 심한 고문을 더해 도굴 계획까지를 자백받거나, 자백하지 않으면 고문으로 죽였을 것이다. 그런데, 그렇게 되지 않은 것은, 방연이 〈죽일 것까지는 없다. 세상에 나가 활동할 수만 없게 만들면 충분하다〉고 생각한 것이리라…. 놈도 옛 우정과 은혜를 완전히 잊은 건 아니군….)

냉소하며 속으로 중얼거렸다.

(그러나, 내게는 벌써 우정은 털끝 만큼도 없다. 기어코 원수를 갚고 말겠다!)

반년이 지나 겨우 상처가 아물자, 종들이 있는 집으로 옮겨져 관노의 한 사람으로 일을 했다. 그러나, 설 수 없

는 빈을 보통 종으로 부릴 수는 없었다. 손으로 하는 일
밖에 시킬 수 없었다.

실을 뽑거나, 베를 짜거나, 잔일을 하거나, 앉아서 하
는 일은 얼마든지 있었다. 그러나, 빈은 글씨를 잘 쓰기
때문에 책을 베끼는 일을 하게 되었다. 나무와 대로 만
든 기다란 조각에 옻으로 글자를 써서, 책을 있는 그대
로 베껴 똑같은 책을 만든다.

이런 일은 이 시대로서는 특수한 일이었다. 보통 종으
로서는 할 수 없었다. 빈은 방 하나를 배당받아 혼자서
일을 했다. 일에 머리를 쓸 필요는 없다. 기계처럼 그대
로 베껴 나가기만 하면 된다.

조용한 방에서 혼자 이런 일을 하면서, 마음은 언제나
원수 갚는 일을 생각했다. 방법은 얼마든지 떠오르지만,
이 곳을 벗어나는 일이 우선이라고 생각하고, 그 방법을
강구하는 데 힘을 기울였다.

좀처럼 좋은 방법이 떠오르지 않았다. 다만 복수하는
방법만이 생각났다.

(이런 몸만 되지 않았다면 얼마든지 벗어날 방법은 있
지만….)하고, 짧은 막대기처럼 된 두 다리를 바라보며
수없이 눈물을 떨어뜨렸다.

그 무렵 빈은 자기 이름을 , 빈(臏)으로 고쳤다.

「이름은 몸을 나타내는 것이 가장 좋습니다. 우연히 같은 음이기도하여 이렇게 고치고 싶습니다. 생각하면, 아버지께서, 〈빈繽〉이란 이름을 지어준 것은, 이런 운명에 대한 조짐이었을 것입니다.」

하고 담당 관원에게 웃으면서 말했다.

「실사변(糸) 대신 고기 육(肉=月)으로 한단 말이지? 그것 재미있군.」

하고 관원도 웃으며 승낙했다.

몇 달이 지나, 겨울이 시작된 어느 날이었다.

언 손끝을 입김으로 호호 불며 일하고 있는데, 뒷문 쪽에서 발걸음 소리가 났다. 감독 관리가 오는 것이라고 생각하고 돌아보지도 않고 일을 계속 했는데, 문득 뭐라고 표현할 수 없는 향긋한 냄새가 풍겨 왔다.

그리운 향내이긴 했지만, 그것이 현실로는 생각지 않았다. 있을 수 없는 모양과 소리가 보이고 들리기도 하는 것을 환시(幻視)나 환청(幻聽)이라 하는데, 이것은 환취(幻臭)일 거라고 생각했다. 홍노에 대한 생각이 나서 가슴이 미어지는 것만 같았다. 손이 떨려 일을 계속할 수 없었다.

붓을 놓고 천천히 돌아보았다.

거기에 홍노가 서 있었다. 보통 노예들이 입는 튼튼하

고 초라한 옷을 입기는 했지만, 틀림없는 홍노였다. 울고 있었다. 매끄러운 살결을 지닌 작고 아름다운 얼굴은 홍분으로 붉었고 눈물에 젖어 있었다.

있을 수 없는 일이다. 꿈이라고, 빈은 눈을 깜박였지만, 역시 홍노였다.

「너는….」

하고 말했다. 홍노가 사람의 눈을 피해 몰래 만나러 온 것이라고 생각했다. 형리에게 들키면 큰일이다 싶어 문 쪽을 바라보았다. 홍노는 그의 가슴에 뛰어들었다.

두 다리가 없는 빈은 몸의 균형을 지탱할 힘이 없었다. 의자에서 넘어질 뻔하여 간신히 책상을 잡고 버텼다.

홍노는 손빈의 가슴에 얼굴을 묻고 흐느끼며 만나고 싶었어요, 만나고 싶었어요, 하고 말했다.

손빈은 형리가 걱정되어 안심할 수 없었다. 자꾸만 입구 쪽을 보았다. 그것을 알고 홍노는 걱정할 것 없다. 형리에게 뇌물을 주고, 만나도록 허락받고 왔다. 그러므로, 형리는 자기가 있는 동안 여기에 오지 않는다고 설명했다.

손빈은 어느 정도 마음 놓았으나, 그래도 조심했다. 의심하고 있었다는 편이 옳을지 모른다. 방연의 마음이 바뀌어, 자기를 죽이지 않으면 안심할 수 없는 기분이 되어, 함정을 만들 수 있다는 의심이 들었다.

그러나, 홍노의 말을 듣는 동안에 그 의심은 사라졌다.

홍노가 말했다.

손빈이 능묘(陵墓)를 범하여 붙잡혔다는 것을 홍노는 며칠동안 몰랐었다. 사냥에 따라간 사람들은 그 날 안으로 돌아왔는데 손빈만 돌아오지 않으므로, 걱정되어 방연에게도 묻고 따라간 사람들에게도 물어 보았으나, 아무도 가르쳐 주지 않았다.

며칠 지나서, 한 사람이 불쑥 입을 놀린 말꼬리를 잡아서 캐어묻고 처음으로 알게 되자, 홍노는 방연을 만나 구출해 달라고 부탁했다. 그러자 방연은,

「손빈은 나의 가장 친한 친구다. 네가 부탁하지 않더라도 손을 쓰고 있다. 하지만, 다른 죄와 달라서 능묘를 범한 죄야. 급히 해결할 수 없다.」

하고 말했다는 것이다.

그러다가 손빈이 자기 나라에서 데리고 온 종의 모습이 보이지 않게 되었고, 뒤이어 홍노도 그 별채에서 쫓겨나 보통 노예로서, 여태껏 해본 적도 없는 천한 일을 하게 되었다는 것이었다.

「나리께서 데리고 오신 그 분은 죽음을 당한 것이 틀림없습니다. 이렇게 될 바에는, 언젠가 주인 나리께서 말

씀하신대로 나리의 나라에 데려가 달라고 할 걸 그랬어요. 제가 철없이 욕심을 부려 이렇게 되고, 몸까지 이런 모양으로 되신 걸 생각하면, 저는 가슴이 찢어질 것 같습니다.」
하고 홍노는 무릎이 꺾인 손빈의 두 다리를 꽉 안고 입맞춤 하면서 몹시 울었다.

이윽고, 형리가 입구에 와서 모습은 나타내지 않고, 벽을 두드려 시간이 되었다는 신호를 보냈다. 홍노는 다시 오겠노라고 말하고 아쉬운 듯이 돌아갔다.

그 뒤에도 홍노는 이따금 찾아왔다.

물론 홍노를 만나는 것은 즐거웠으나, 홍노를 통해 외부와의 연락을 취할 가능성이 있다는 것이 더욱 기뻤다.

(홍노를 이용해서 탈출 방법을 강구해야 겠다.)하고 연구했는데, 좀처럼 좋은 생각이 떠오르지 않았다.

몇 달 지나고 봄이 왔다.

어느 날, 또 홍노가 왔을 때, 여러 가지 이야기 끝에, 지금 제나라 사신이 왔는데, 방연의 집이 숙소로 정해져 그 곳에 묵고 있다는 이야기였다.

그 말이 채 끝나기 전에 손빈은 생각을 정했다.

「그 사신의 이름은?」

「전양(田良)이라는 분입니다.」

　손빈은 그 사람과 만난 일은 없었지만, 상당한 재사라
는 소문은 듣고 있었다. 자기 계책이 잘 되리라고 생각
했다.

　홍노가 떠날 때 손빈이 말했다.

「어떻게 궁리해서 내일도 와 주지 않겠느냐?」

「오겠습니다. 너무 자주 오면 곤란하다고 형리는 말합
니다만, 전에 주인 나리께서 저에게 주신 구슬을 뇌물로
줄 생각입니다. 그러면, 얼마 동안은 효과가 있을 것입
니다.」

　홍노는 서둘러 돌아갔다.

장군 전기(將軍田忌)

손빈은 제나라 관리인 전양 앞으로 편지를 썼다.

자기 신분을 설명하고, 여러 해 동안의 벗인 방연에게 재주를 시기당해 무고한 죄를 쓰고, 태어날 때와는 다른 불구자가 되어 노예로서 복역하고 있는 사람이라고 호소하고,

〈바라건대, 같은 나라의 친분으로 조그만 동정이라도 베풀어서 귀국하실 때 저를 데리고 가 주십시오. 이 소원을 들어 주신다면, 이 곳에서 탈출할 계획은 제가 세울 것이므로 도와 주시기 바랍니다. 상세한 것은 이 글을 가지고 가는 여자가 설명할 것입니다.〉

하는 글이었다.

글이 길었으므로, 편지는 여러 장이 되었다. 순서에 따라 번호를 붙이고 단단히 끈으로 묶은 뒤, 가슴에 안고 그날 밤을 지냈다.

이튿날 홍노는 한낮이 지나서 왔다.

「이제 왔습니다. 말씀대로 더 일찍 오려고 했습니다만, 좀처럼 틈을 낼 수 없었습니다.」

그녀는 응석부리듯 말했다.

「잘 왔다. 고맙다.」

「어머, 그런 말씀 들으려고 한 것은 아닙니다.」

홍노는 안타까운 표정이었다.

「아니다. 정말 기쁘다. 어저께 그렇게 말했지만, 계속되는 일이어서, 어쩌면 오지 못하지 않을까 걱정했었다.」

「주인 나리께서 받았던 구슬을 뇌물로 썼기 때문에 이곳은 쉽게 들어올 수 있었지만, 집에서 나오기에 애를 먹었습니다.」

「그래? 여러 가지로 걱정을 끼쳤구나. 그런데, 문가에 가서 바깥 모양을 잠깐 살피고 와 주지 않겠느냐? 가까이에 사람이 있으면 일을 부탁하기 거북하다.」

홍노는 입구에 가서 바깥을 살펴보고 돌아왔다.

「아무도 없습니다.」

그녀의 얼굴이 긴장하고 있었다.

손빈은 가슴을 열고 편지를 꺼냈다.

「이것을 가지고 가서, 제나라 관리에게 몰래 전해라. 그렇게 해주면 나는 여기서 탈출하여 우리나라에 돌아갈 수 있다.」

홍노는 대답하지 않고 손빈의 눈을 바라보았다. 슬프기도 하고 절망적으로도 보이는 표정이었다. 손빈이 여기에 이렇게 있는 한 때때로 만날 수 있고, 그 동안 다시 어떤 행운이 돌아와 손빈이 노예의 신분에서 해방되어 떳떳이 함께 살 수 있을지도 모른다. 그러나, 손빈이 제나라로 돌아가 버리면 둘 사이는 끊어지고 만다. 그것을 생각했다.

손빈은 홍노가 가여웠지만, 말했다.

「나를 이 처지에서 구출할 수 있는 사람은 제나라 관리 전양밖에 없다. 이 기회를 놓치면 두 번 다시 기회는 없다. 참으로 천에 한 번 있을 기회다. 그렇게 이끌어 줄 수 있는 것은 너 뿐이다. 부탁한다.」

홍노는 가느다란 손가락을 떨며 자기 가슴을 열었다. 아담한 하얀 유방이 나타났다. 그 젖무덤 사이에, 포갠 편지를 넣고 끈으로 단단히 묶은 뒤 옷깃을 여몄다. 말 한 마디 없었으나, 그윽이 쳐다보는 두 눈에 눈물이 가득 괴어 반짝거렸다.

손빈의 가슴도 뜨거워졌다.

「너에 대해서도 생각하고 있다. 결코 너를 버리고 가려고는 않는다. 어쨌든 그것을 남몰래 전양에게 전해다오. 그리고, 전양이 여러 가지로 물을 테니까, 그 때는 알고 있는 것을 모두 이야기해 드려라. 급히 돌아올 수 없을 테지만, 되도록 빨리 와서 전양의 대답을 들려다오.」

홍노는 눈물을 뚝뚝 떨어뜨리고 고개를 끄덕였다.

홍노가 돌아간 뒤에 손빈은 여느 때처럼 일을 계속했다. 온갖 감회가 가슴 속에 오갔다.

(홍노는 영리한 여자니까 전양에게 잘 전할 수 있을테지. 전양의 질문에 대해서도 요령껏 대답할 수 있으리라. 전양은 내가 본국에 있을 때 들었던 바에 잘못이 없다면, 상당한 재사이다. 반드시 편지의 문장에 감동하고 재능을 짐작하리라. 나 정도의 같은 나라 사람을 버리지는 않으리라. 문제는 홍노를 데리고 가는 일이다. 전양이 그럴 마음만 먹으면 쉬운 일이다. 마음에 들었다고 하면서, 방연의 집에서라면 당당하게 데리고 갈 수 있다. 그러나, 이 경우에는 몰염치해서 부탁할 수 없다. 과연 어떻게 하면 좋을까?…)

여러 모로 궁리했지만, 생각이 쉽게 떠오르지 않았다.

(여의치 않을 때는 당분간 홍노를 여기에 머물게 하자. 내가 제나라로 돌아갈 수만 있다면 사람을 보내어, 손을 써서 몸값을 치르고 데리고 오면 된다.)하고 생각했다. 그러나, 궁리는 그만두지 않았다. 이런 일은 갑자기 묘안이 떠오를 수도 있다.

사흘 지나서 홍노가 왔다.

편지를 전하고 묻는 대로 알고 있는 모든 것을 대답했다고 했다.

「그래, 뭐라고 말씀하시던가?」

「이틀 뒤, 이른 아침에 이 곳을 출발하여 귀국하시게 되므로, 출발할 때까지 탈출하셔야 된다고 말씀하셨습니다만….」

급하게 되었지만, 그 탈출에 대한 계획은 세워져 있었다.

「그런가? 그렇다면, 떠나는 날 아직 어두울 때 마차를 이 관아의 옆 통용문….」

하고 손빈은 창문에서 비스듬히 보이는 작은 문을 가리켰다.

「저 문 앞으로 조용히 오도록 부탁한다. 저 문에서 조금 저쪽 벽에 조그만 도랑이 있다. 그 도랑은 비가 오면 물이 흐르지만, 날씨가 좋을 때는 말라 있다. 나는 그 곳

으로 빠져서 울타리 밖으로 나가 있을 테니, 끌어올려서 마차에 태워 주면 고맙겠다고 말을 전해라.」

홍노는 얼른 대답하지 않고 손빈의 얼굴을 보고 있었다.

손빈은 홍노가 자신의 일을 생각하고 있다고 여겼다. 가여웠다.

「너에 대한 일은 갑자기 묘안이 떠오르지 않는구나. 한동안 이대로 지내라. 내가 귀국할 수 있다면 반드시 곧….」

하고 말했다. 홍노는 고개를 저으며,

「그 때 제가 와서 도우면 안 되겠습니까? 그 몸으로는 어려우실 거예요. 저 울타리에 그런 구멍이 나 있다면 숨어 들어올 수 있습니다.」

하고 간곡히 말했다.

「안 돼. 그것은 위험하다. 감시병들에게 발견되면 큰일이다. 나 혼자서 끝날 재난이 너에게까지 미친다.」

하고 손빈은 말했지만, 동시에 문득 떠오른 생각이 있어서 홍노의 귀에 입을 대고 속삭였다.

「좋은 생각이 있다! 돌아가 전양을 만나거든 이렇게 부탁해 다오. 손빈은 몸이 불구이므로 옆에서 도와드리고 싶다고, 그러므로, 저를 마차에 태워 울타리 바깥까지

데려다 주십사고. 그러면, 마차까지 구해 드리겠다고 말
이다. 전양이 허락해 주면 너는 그대로 나와 함께 제나
라에 갈 수 있다. 만일 그것을 허락해 주지 않는다면 체
념하고 여기 머물러 있다가, 내가 사람을 보낼 때까지
기다려라. 절대로 무리해서는 안 된다.」

「아닙니다. 그 사신께서는 반드시 허락하실 것입니다.
왜냐하면, 주인 나리의 일을 대단히 가엾이 여기고 계시
니까요.」

「나도 그렇게 생각하지만, 만일의 경우를 생각해서 하
는 말이다. 충분히 조심해서 결코 남의 눈에 띄지 않도
록 해야 한다.」

「염려하지 마십시오.」

홍노는 용기를 얻어, 시간 약속을 한 뒤에 떠났다.

약속한 날 이른 새벽, 손빈은 시각이 되자 침대에서 일
어나서 뜰에 나가, 도랑을 기어서 울타리 밖으로 나왔
다. 그것은 여간 어려운 일이 아니었다. 무릎부터 아랫
다리가 없으니 발로 버티면서 나갈 수가 없다. 양팔만으
로 기었다. 굼벵이가 기는 것과 흡사했다. 도랑 속에는
봄풀들이 돋아나 이슬에 젖었다. 온몸이 흙투성이가 되
어 겨우 울타리 밖에 이르렀다.

마차가 오기까지의 기다림과 불안은 말로 다할 수 없
었다. 도랑 속에 숨어서, 귀는 등뒤의 울타리 쪽으로 기
울이고, 눈은 아직 캄캄한 하늘을 쳐다보고 있었다. 운
이 나쁘면 감시병에게 들킬 것이고, 시간이 흐르면 날이
밝을 것이다.

(여기까지 온 이상, 운을 하늘에 맡길 수 밖에. 걱정해
도 별수 없다.)하고 생각했지만, 어쩔 도리가 없었다.

이윽고, 멀리서 말발굽 소리와 수레바퀴 울리는 소리
가 들리자, 곧 마차가 가까이 와서, 새벽 어둠 속에서 모
습을 나타내고 눈 앞에 멎었다.

그 순간, 사람 그림자가 재빨리 뛰어내려 두 손을 뻗었
다. 검은 천을 머리부터 뒤집어 썼는데, 하얀 얼굴로 홍
노라는 것을 알았다. 홍노는 숨을 쌕쌕거렸다. 빈은 두
팔을 쳐들었다. 홍노는 그 두 팔을 잡아 힘껏 당겨 올리
더니 두 겨드랑이를 안았다. 뜨거운 숨결이 빈의 얼굴에
와 닿음과 함께, 갸름한 몸 어느 구석에 그런 힘이 숨어
있었는지, 빈을 가볍게 들어올려 마차에 싣자 뛰어올랐
다.

마부의 손에서 채찍이 올리고 사두마차는 질풍같이 달
리기 시작했다. 홍노는 발밑의 손빈에게 검은 천을 덮고
속삭였다.

「잠깐만 참으십시오. 잠깐만.」

빈은 대답하지 않았다. 온몸을 덮은 두터운 천 밑에서 생명도 없는 물건처럼 꼼짝 않고 누워 있었다. 뜨거운 눈물이 볼을 적셨다.

마차는 한참 달리다가, 몇 채의 마차를 거느리고 성문 쪽으로 가는 전양의 행렬을 따라잡았다. 그 행렬에 있는 사람들은 미리 알고 있었으므로, 손빈과 홍노를 창 모양의 대나무로 엮은 지붕이 있는 짐마차에 옮겼다. 지붕의 앞뒤도 대나무로 엮은 덮개가 있고, 그 곳을 천으로 가렸기 때문에 안을 들여다 볼 수 없도록 되어 있었다.

해가 뜨기 조금 전에 행렬은 성문을 나섰다. 성문에는 경비병들이 있었지만, 국제간의 예의를 지켜서 수색은 하지 않았다.

안읍에서 제나라로 가는 길은 줄곧 육로를 더듬으면, 도중에 조나라를 지나가는 것이 가장 빠른데, 그래도 보름 정도는 걸린다. 전양은 이 길로 갔다. 제나라 국경에 들어가기까지 손빈은 한 번도 마차에서 나오지 않았다. 그것은 전양의 뜻이었다.

「중태 환자가 있다.」

고 하며, 도중의 여관에서도 마차 속에 그대로 빈을 두었다.

손빈은 조금도 갑갑하다고 생각하지 않았다. 무엇보다도 조심할 필요가 있었다. 빈과 같은 가장 특수한 불구자는 사람의 눈을 끌지 않을 수 없다. 사람 눈에 띄어 소문이 떠돌아 방연에게 알려지면 자객을 추격시킬지도 모른다.

마차 안이 좁다고 하더라도, 제나라 국경에 들어가기만 하면 무한한 자유를 얻을 수 있다. 폐인이 된 노예로서 죽을 수밖에 없었던 죄인 생활에 비하면, 홍노의 보살핌을 받는 이 어둠침침한 마차 속의 나날은 천당에서 지내는 것과 같았다. 갑갑하다고 생각할 여지가 없었다.

복수 계획을 이것저것 짜보는 것도 즐거움이었다.

반 달 이상 걸려 제나라 국경 관문을 넘고 첫 여관에서 전양은 처음으로 손빈을 만났다.

전양은 먼저 가신에게 옷을 보내어 겉모양을 갖추게 한 뒤 종자 몇 사람을 보내어 손빈을 안아올려 자기 방에 모서 오게 했다. 전양의 마음씨는 참으로 친절했다. 따라온 홍노를 위해서도 깨끗한 옷을 주었다. 인정 있고 예의바른 대접을 두 사람은 진심으로 고맙게 생각했다.

전양은 40대쯤의 얌전한 풍모의 인물이었다. 종자들이 손빈을 의자에 앉히기를 기다렸다가, 모두 물러나게 한 다음 말했다.

「그대에 대한 것은, 그대의 첫 편지와, 그대가 총애하는 여인의 말을 듣고 대충 알고 있습니다만, 상세히 듣고 싶소.」

손빈은 눈물을 흘리며, 구출해 준 은혜에 감사한 뒤에, 방연과 소년 시절부터 사귄 일, 어떻게 해서 이번 함정에 빠졌는가를 이야기했지만, 위나라의 국난을 구출하고 방연의 지위를 안전하게 만들기 위해 전기(田忌)장군의 집에 투서한 일은 말하지 않았다. 그는 전기가 그 투서 건에 대해서는 일체 발표하지 않고, 모두 자기가 짜낸 계략처럼 꾸몄다고 보고 있었다. 자칫 실수의 말을 했다가는 다시금 위기에 빠질 것이라고 생각했다.

전기에 대한 말은 하지 않았으나, 방연의 신의 없는 짓은 잘 이해가 간 모양이었다.

「잘 알겠소. 그러면, 그대는 방연에 대해서 복수하고 싶겠지요?」

하고 말했다.

「하늘이 그 기회를 만들어 주신다면. 그러나, 보시다시피 형을 받은 불구자입니다. 도저히 바랄 수 없겠지요. 나는 체념하고 있습니다. 바랄 수 없는 일에 한사코 가슴만 태운다면 공연히 자기 심신을 망칠 뿐입니다.」

일부러 이렇게 대답했다.

전양은 안타까와하는 표정으로 주안상을 차리게 하여 빈을 대접했다.

이날부터 제나라의 도읍 임치(臨淄)에 도착하기까지의 며칠 동안, 전양은 밤마다 숙사에 손빈을 불러 주안상을 함께 나누었다. 손빈의 화제가 풍부한데다가 관찰이나 해석이 기발하고 흥미진진했기 때문이다. 본디 손빈은 말재주가 뛰어났지만, 특별히 애를 써서 전양의 마음을 사로잡으려고 노력했다. 전양은 쉽게 말려들었다. 그 때 부탁했다.

「임치에 닿으면 저는 집에 연락을 취해 맞으러 올 사람을 불러 고향으로 돌아가고 싶습니다만, 임치에 있는 동안 전기 장군을 만나 뵐 수는 없을까요? 장군은 제가 존경하는 분입니다. 고향에 틀어박히면 이런 불구의 몸이니 다시 어디에도 나갈 수 없을 것입니다. 가능하면 한번 만나 뵙고 싶습니다.」

「좋소. 장군은 전씨 집안의 장로요, 쉬운 일이요.」

하고 전양은 대답했다.

임치에 이르자 그 이튿날 사신 임무에 대한 보고를 위해 대궐로 들어간 전양은 돌아올 때 전기 장군을 데리고 왔다.

전기는 50세 전후로, 관 밑의 머리며 긴 수염은 반 이

상 희끗했으나, 무인답게 늠름하고 건장한 느낌을 주는
몸집이었다.

전양의 가신 둘에게 좌우로 안겨, 홍노의 시중을 받으
며 자기 앞 의자에 앉혀진 손빈을 보자 전기의 엄한 얼
굴에는 갑자기 가엾어하는 빛이 나타났다. 바로 바라보
기에 안타깝다는 표정이었다.

(이 사람은 마음이 온순하고 상냥한 사람이다.)
하고 생각하면서, 빈은 두 손을 무릎에 모으고 고개를 숙
여 조심스러운 자세를 취하고 전양의 소개를 기다렸다.

「우리나라 아견(阿鄄)의 간(間)에 사는 손빈입니다. 손
무 장군의 자손이 됩니다. 무슨 연유로 저희 집에 머무
는가를 이미 대궐에서 말씀드렸습니다. 백부님을 만나
뵙고자 하는 것도 말씀드렸습니다.

빈은 두 팔을 맞잡고 천천히 올렸다가 내리고, 다음은
윗몸을 수그렸다. 그와 동시에 홍노도 무릎을 꿇고 마룻
바닥에 이마를 대고 인사드렸다. 손빈은 고개를 숙인 채
말했다.

「저 같은 사람이 장군님 같은 분에게 이런 인사로서 끝
낸다는 것은 도리에 닿지 않음을 잘 알고 있습니다만,
불구의 몸이니 널리 용서해 주시기 바랍니다. 방금 소개
받은 손빈입니다. 가장 존경하는 장군님을 뵙게 됨을 영

광으로 생각합니다.」

전기는 몇 번이고 고개를 끄덕이고,

「내가 전기일세. 가엾은 일이군. 너무나 잔인한 일을 했군. 방연이라는 사나이는 내가 훨씬 전에 싸운 일이 있었지. 과연 싸움에는 솜씨가 있어. 당분간 그만큼 전쟁 솜씨가 좋은 사람은 안 나올걸세. 어쩌면 천하 으뜸의 장군일지도 몰라. 하지만, 소년 시절부터 친한 친구이고 여러 가지 은혜를 입은 자네에게 이런 짓을 하다니, 무인의 우두머리로 둘 인물이 아니야. 나는 마음 속으로 경멸하네.」

하고 말했다. 노인답게 침착한 말씨였지만, 정말 화를 내고 있었다.

「여러 해 동안의 친구이면서 그런 사람임을 꿰뚫어보지 못하고 화난을 당한 것은 저의 불찰입니다. 무엇 때문에 어려서부터 병법을 배우고 이 나이가 되었는지 부끄럽습니다.」

전기는 웃었다.

「허허허! 그건 그렇게 말할 수 있겠지만, 병법으로 말하면 귀신도 속일 수 있다고 했으니까. 하지만 자네와 방연 사이라면 아무리 의심이 많은 사람이라도 의심할 도리가 없지. 자네는 부끄러워할 것이 없네. 자아, 얼굴을 들게나. 그대도 얼굴을 들고 일어나라.」

하고 홍노에게도 말했다.

「황공합니다. 그러면 얼굴을 들겠습니다.」

빈은 얼굴을 들고 전기의 질문에 대답했는데, 명쾌하고 기발한 그 말에 전기는 매우 감동하고 크게 웃었다.

전양은 손빈에 대해 꽤 과장해서 말했음이 틀림없다. 전기가 마음에 든 것 같기에, 전양은 자랑스러워했다.

전양이 잠깐 자리를 비웠다.

빈은 전기의 사람됨을 대체로 알았다. 악랄한 일을 할 수 있는 성격이 아니라고 보았다. 홍노를 뒤돌아 보았다.

「자네는 잠깐 자리를 피해 주게.」

하고 빈은 홍노를 문 밖으로 물러가게 한 뒤에 윗몸을 펴고 속삭이듯이 말했다.

「벌써 10년이나 옛 일 입니다만, 조나라와 한나라 군사가 위나라의 안읍을 포위하고, 안읍이 위태했을 때, 장군님 저택에 투서를 한 자가 있었을 것입니다. 기억하시는지요?」

전기는 놀란 얼굴로, 의아하게 빈을 응시했다.

필승법(必勝法)

전기는 방 입구를 보고, 아무도 없다는 것을 확인하고 나서 싱긋 웃었다.

「분명 그런 일이 있었지. 그런데 자네가 그것을 어떻게 아는가?」

「투서를 한 사람이 저니까요.」

하고 빈은 웃었다.

「그랬었군, 그랬었어!」

전기는 껄껄 웃었다. 웃음을 그치자 속삭였다.

「이 사연을 전양이 아는가?」

「모릅니다. 아는 사람은 방연뿐입니다. 방연은 장군님의 그 때 움직임을, 자기가 사람을 보내어 제나라를 움직였기 때문이라고 말하고, 모두 자기 일처럼 말하고 있었습니다. 저는 그것을 알고 있었습니다만, 저 여자 때문에 관직을 얻는일에 초조한 나머지, 그 말을 입밖에 내어 버렸습니다. 그래서, 이런 몸이 되었습니다.」

상대편과 똑같이 나직한 소리로, 쓴웃음을 지으며 말했다.

전기는 희끗희끗한 수염을 흔들며 낮은 소리로 웃었다.

「하하하, 하하하! 그런데, 그 이야기는 하지 않은 것으로 해주기 바라네. 나는, 방연처럼 내 입으로는 말하지 않았고, 누군지도 모를 자의 투서에 의한 책략이라고도 말하지 않았네. 더욱이 남들이 나의 책략이라고 하며 칭찬하는 것도 인정하지 않으니까, 말하자면 방연과 같지. 하하하! 그러나, 나는 그 뒤부터 꽤 지략이 있는 장군으로 여겨지고 있지. 사실이 밝혀지면 좀 난처하겠군.」

「알고 있습니다. 결코 말하지 않겠습니다. 말할 필요도 없는 일입니다.」

「부탁함세, 부탁해.」

하고 전기는 속삭였다.

문가에 있었던 홍노가, 인기척이 있다고 신호했다.

전기는 우스꽝스러울 정도로 크게 웃었다. 정말 우스꽝스러워서 못 견디겠다는 웃음이었다.

손빈은 홍노에게 돌아오라고 신호했다.

홍노가 돌아와 의자에 앉자, 곧 전양이 하인들에게 음식 그릇이며 술을 들려서 들어왔다.

옆 방 식탁에서 주연이 시작되었다.

전기는 실컷 마시고 마음껏 즐겁게 담론하다가, 얼마 뒤에 전양에게,

「손빈은 학문이 있고, 박식하고 더욱이 병법에 통달하고 있군. 이야기도 퍽 재미있네. 내가 데리고 있을 수 없겠나? 나는 빈객의 예의로서 대우할 생각일세.」

하고 말했다.

전양은 웃었다. 그리고, 빈을 돌아보았다.

「저는 손빈을 위나라에서 구출해 왔습니다만, 손빈을 나의 사람이라고는 생각하지 않습니다. 손빈이 스스로 결정할 일입니다.」

손빈은 전기에게 고개를 숙이고 말했다.

「저는 위나라에서 관노(官奴)의 몸이었습니다. 각하의 힘으로 벗어 났습니다. 제 몸은 각하의 것입니다. 저 뿐만 아니라 홍노도 그렇습니다. 저희 둘을 모두 각하의 뜻에 맡기겠습니다.」

「내가 위나라 조정이나 방연에게 자네들의 몸값을 치렀다면 자네들은 내 사람이오 그러나, 나는 그렇게 하지

않았소. 자네들을 내 마차에 태우고 왔을 뿐이오. 이런 경우의 소유권은 어떻게 되는 것일까요?」

하고 전양은 크게 웃었다.

기분좋게 미소를 짓고 듣고 있던 전기가 입을 열었다.

「아마 내가 교섭 상대를 잘못 짚은 모양일세. 직접 자네에게 교섭할 것을 그랬나 보군.… 그래서 새삼스럽게 자네에게 의논하겠네. 우리 집에 와 주겠나? 가능한 대로 대우할 것을 약속하겠네.」

손빈은 갑자기 불안한 생각이 가슴을 스쳤다.

(이 사람도 역시 방연과 같은 일을 하지 않을까.)

그런 마음을 눈치챘는지 전기는 술기운으로 불그레한 얼굴에 미소를 짓고 손빈을 지그시 바라보며, 약간 고개를 끄덕였다.

「저희들 둘의 몸은 전양 각하의 소유에 속한다는 마음은 변함이 없지만, 고마우신 말씀에 의지해서, 저희들 신분을 해방시켜 주시고, 장군님의 문하로 받아 주시기 바랍니다.」

하고 빈은 대답했다.]

「호오, 우리 집에 와 주겠다고? 몹시 반갑군. 전양, 새로 따뜻한 술을 가져오게. 빈객에게 대접하고 싶네.」

전기는 기분이 좋아서 큰 소리로 말했다.

주연은 밤까지 계속되다가 전기는 돌아갔다. 이튿날 마차를 보내어 손빈과 홍노를 맞아들였다.

이미 그랬듯이, 이 시대는 주나라 왕조의 위세가 떨어지고, 주(周)나라는 이미 천자로서의 실력이 없었고, 왕이라고는 하지만, 실질적으로는 작은 제후로 떨어지고 말았다. 이미 천하의 주인이 없어졌으므로, 제후는 스스로 왕이라 칭했다.

그 왕호를 참칭(僭秤)하기 시작한 것이 이 시대였다.

제후들의 부국강병 경쟁은 점점 치열해졌고, 재능이 있는 사람을 국적이나 신분을 묻지 않고 등용했으므로 야심있는 사람들이 저마다 정치, 철학과 기술을 주장하고 천하를 유세(遊說)하는 것이 유행이었다. 예로는 오기가 그렇고, 방연이 그렇고, 위앙(衛鞅)이 그랬다.

이런 실정이라, 천하의 어느 나라에 가도 유세하는 사람들이 많았는데, 제나라에는 특히 많았다. 제나라가 부강했으므로 큰 나무 그늘에 깃들려는 기분이었으리라.

제나라 왕도 역시 그들을 우대했다. 이 나라의 수도 임치는 주위가 29 킬로미터나 될 만큼 넓었고, 사방에 13개의 성문이 있었는데, 그 남문은 치수(淄水)를 사이에 두고 직산(稷山)이라는 산과 마주보고 있었으므로 직문이라고 불렀다. 제나라에서는 이 문 가까이에 많은 집을

짓고 그 곳에 유세하는 사람들을 살게 했다. 그 무렵에
는 이 사람들은 〈직하(稷下)의 선비〉라든가 〈직하의 학
사〉라고 불렸다. 맹자도 한때는 그 중의 한 사람이었다.
이 사람들은 실제 정치에 관계하는 일은 적었지만 대부
(大夫)의 대우를 받았다.

　이런 제나라였으니, 유세하는 사람들이 많이 모여와,
한때는 〈직하의 선비〉가 70여 명이나 되었다고 한다.
그들은 제나라 왕의 마음에 들어 최상급 대우를 받고 있
는 사람들이었는데, 그 밖에도 많은 유세자들이 있었으
며, 제나라 중신들 문하에 저마다 식객이 되어 있었다.

　전기의 집에도 이런 식객이 10여 명 있었는데, 전기는
손빈에 대해서는 특별한 대우를 했다. 다른 식객들은 객
사의 방 하나씩을 주는 것뿐이었으나 손빈에게는 저택
의 모퉁이에 있는 한 채를 주었다. 물론 남녀 하인도 붙
여주고, 외출을 위해서는 빈이 마음대로 사용할 수 있는
마차도 마련해 주었다.

　전기는 빈이 무척 마음에 들었던 모양으로, 며칠에 한
번씩 진미를 차리고, 빈을 불러 식사를 함께 하면서 담
소하거나, 때로는 자기 쪽에서 손빈의 거처에 찾아와 환
담을 즐겼다. 이러한 생활 속에서 전기는, 빈과 술을 나
누면서 끝없는 정취가 있는 재능과 지식에 더욱 감동했

다. 처음에는 빈을 〈자네〉라고 불렀으나, 어느 새 〈그대〉라고 고쳐 불렀다.

어느 날, 전기는 궁정에서 물러나와 손빈의 거처에 들려서,

「그대는 위(魏)나라에 있었을 때 위앙이라는 사람과 만난일이 있는가?」

하고 물었다.

「위앙이 어떻게 되었습니까? 그는 진(秦)나라에 갔을 터인데요.」

「호오, 알고 있군.」

「안면은 없습니다. 저하고 엇바뀌어, 위나라를 떠나 진나라로 갔습니다.」

하고 그 때의 이야기를 하고, 덧붙여서,

「위나라 왕과 그 중신들은 아까운 인물을 놓쳤습니다. 그 나라 중신들이 모두 방연 같은 근성이라면 위앙의 재능을 알게 되었을 경우에는 도리어 쫓아 낼 수단을 썼을 것입니다.」

하고 말했다.

「그렇군. 그대도 위앙의 사람됨을 그 무렵에 높이 보았군.」

「위앙이 어떻게 되었습니까?」

「진나라는 위앙을 등용하고 이상한 정치를 시작했소.」
라고 말했다. 전기가 말한 내용은 다음과 같았다.

진나라로 간 앙(鞅)은 진나라 효공의 신하인 경감(景監)의 객이 되었다. 앙은 경감에게 효공을 만날 수 있도록 부탁했다. 얼마 후, 효공은 경감의 주선으로 앙을 만났다. 그런데 효공은 경감을 불러서 몹시 꾸짖었다.

「그대가 탄원한 일이라 중하게 여겼는데, 만나 보니 그 자는 어리석은 자였다. 지금 그런 어리석은 소리를 지껄이는 자가 어디 있는가! 그런 자를 나라에 두어서는 안 된다. 곧 쫓아 버려라!」

경감은 놀랐다. 곧바로 집으로 돌아와 앙을 만났다.

「자네는 왕께 무슨 말씀을 드렸는가! 나는 면목을 잃었네.」

그러나, 앙은 태연히 웃었다.

「그렇습니까? 저는 제도(帝道)를 말씀드렸는데, 마음에 들지 않는 모양으로, 앉아서 졸았기 때문에…….」

「왕께서는 자네를 나라에서 내쫓으라고 하셨네.」

「그렇습니까? 그러나, 다시 한번 뵐 수 있게 해 주십시오. 닷새 후가 좋겠습니다.」

앙은 자신있게 말했다.

「장담할 수 있겠는가?」

「그저 보기만 하십시오」

닷새 후, 경감이 다시 효공을 설득하여, 앙은 효공을 만날 수 있었다. 그러나, 경감은 또 효공에게 불리어 가서 꾸지람을 들었다.

「한 번도 아니고, 어째서 두 번이나 그런 자를 만나게 했나! 더 참을 수 없다. 쫓아 버려라!」

왕 앞에서 물러나온 경감은 몹시 화가 났다. 집으로 돌아가자 앙을 불러서 엄하게 호통을 쳤다. 앙은 조금도 놀라지 않았다.

「알고 있습니다. 저는 왕도(王道)를 얘기한 것입니다. 졸기조차 않으셨기 때문에, 마음에 들지 않은 모양입니다. 제도 정도의 일은 없지만, 수대를 필요로 하는 마음의 오랜 방법이기 때문에. 그러나, 제가 진실로 말씀드리고 싶은 것은 그런 어리석은 방법이 아닙니다. 그것을 말씀드리고 싶으니, 한번 더 뵙게 해 주십시오.」

「그렇게 간곡히 청한다면 거듭 부탁해 보겠지만, 허락하실지는 모르겠네. 그러나, 괜찮은가? 이번에도 왕의 눈에 벗어나면 자네는 목숨을 잃을 걸세. 각오가 돼 있는가?」

「좋습니다.」

경감은 세 번 왕께 청하여 겨우 배알의 허락을 얻었다.

앙은 효공을 배알하고, 부국강병의 방법을 얘기했다. 즉, 행정상으로는 덕치주의를 가차없이 버리고 법률만능, 신상필벌의 법을, 경제적으로는 통제경제를, 군사적으로는 철저한 강병주의를 취하는 것이었다.

「가장 단기에 부국강병의 실적을 올려서, 천하를 제압할 수 있습니다.」라고 설파했다.

효공은 아주 기뻐하여 앙을 등용했고, 신정(新政)을 행했다.

앙이 주장하는 신정은 종래의 정치와 전혀 달랐다.

예를들면, 백성들을 5집 내지 10집으로 짝을 이루게 하여 연대책임을 갖게 하고, 그 무리 중의 한 사람이 죄를 범하면 무리 전부의 죄가 되게 했다. 무리들은 서로 고발할 의무를 갖고, 만약 정 때문에 고발하지 않을 경우에는 요참(腰斬)의 형(刑)에 처했다. 남의 나쁜 일을 고발한 자에게는 전장에서 적의 머리를 자른 것과 동일한 상을 주고, 알면서 고발하지 않는 자는 적에게 항복한 것과 같은 죄를 주었다. 아버지는 아들을 위해서 숨기고, 아들은 아버지를 위해서 숨긴다는 고래의 중국 풍속은 죄가 되어서 요참의 극형에 처해졌다.

싸움에 나가 공을 세운 자는 공의 순서에 따라 작(爵)을 승진시킨다. 이 작은 백성으로서의 계급이었다. 경대부, 선비, 서민, 노예의 단계가 있었는데, 서민 중에서도 몇 단계가 위였다.

백성은 농업과 직조에 힘을 쏟고 농작물이나 베 짠 것을 다량으로 생산하는 자는 노역을 면제하고, 나태하여서 가난한자나 상업을 전문으로 하는 자는 발견되는 대로 일가 전부를 관노로 한다.

등등이었다.

너무나 종래의 방법과 다르기 때문에, 앙은 백성들이 쉬 믿지 않을 것이라고 생각하고, 한 가지 계책을 세웠다.

도읍의 시장 남문에 길이 30자의 기둥을 세워 놓고, 포고문을 붙였다.

〈이 기둥을 북문까지 옮겨 놓는 자에게는 상금 10금(金)을 준다.〉

어처구니없는 포고문이었기 때문에 백성들은 믿지 않았다. 비웃는 백성까지 있었다.

앙은 포고문을 고쳐서, 〈10금〉을 〈50금〉으로 했다.

「어라! 상금을 올렸군!」

「무슨 꿍꿍이가 있겠지. 속임수야!」

「그렇고 말고. 이 기둥을 빼서 옮길 뿐인데 50금을 줄 리가 있을까?」

라고 모두 말했다.

그러나, 어떤 한 사람이 비웃음을 받으며 이 기둥을 옮겼다.

그러자, 앙은 즉시 그 사람에게 50금을 주었다. 〈나라에서 하는 일은 결코 거짓이 아니다. 포고한 이상 반드시 실행한다.〉는 예를 보인 것이었다.

그런 후에, 앙은 새 법을 공포했다.

전기는 이렇게 얘기하고,

「대강 이렇소. 잘 시행될 것인지 어쩐지 알 수 없지만, 꽤 재미있는 방법이 아닌가?」

하고 말을 맺었다.

빈은 한 마디 질문도 하지 않고 듣고 있다가, 휴우 숨을 쉰다음 말했다.

「잘 될 것입니다. 아마 얼마 동안은 새 법률에 대한 평판이 나빠서 불평, 불만, 욕설이 효공 앞에 산처럼 쌓일 것입니다. 여태까지의 법률과는 전혀 다른 법이라는 것을 알면서도 효공이 실시하는 이상 대단한 각오가 되어 있을 것이 틀림없습니다. 효공은 결코 동요하지 않을 것입니다. 게다가 위앙으로서도 앞을 예상하고 미리 효공을 설득하여 각오를 굳히게 했을 것입니다. 그러니, 좀처럼 겁내지 않을 것입니다.」

「효공은 겁내지 않는다고 하더라도 성공 여부가 문제

요.」

「성공합니다. 백성은,… 아니 백성 뿐 아니라 범용한 자는 사대부일지라도 그렇습니다만, 옛 것에 익숙하고 새 것에는 익숙지 않다는 것만으로 싫어합니다. 그러나 언제까지나 익숙해지지 않을 수는 없습니다. 이윽고 익숙해집니다. 그러는 동안에 새 법률의 효과도 나타납니다. 그렇게 되면 불평 불만이 없어집니다. 진은 무서운 나라가 될 것입니다. 다시없이 어리석은 것은 위(魏)나라입니다. 공숙좌가 그렇게까지 말했는데 위앙의 기량을 꿰뚫어보지 못하고 함부로 진나라에 주어 버렸으니까요. 천운을 놓쳤다고 할 수밖에 없습니다. 저는 확언해도 좋습니다. 위나라와 진나라는 국경을 접하고 있습니다. 몇 년이 지나지 않아서 진나라의 침략을 받을 것입니다.」

손빈은 단호하게 말했다.

그 동안에 손빈은 동생들에게 심부름꾼을 보내어 모든 것을 알려 주었다. 동생들은 놀라서 도성을 올라와 전혀 달라진 손빈의 모습을 보고 울면서 제발 집에 돌아갑시다. 평생 동안 잘 모시고 결코 불편이 없도록 해드리겠습니다, 하고 말했으나 손빈은 웃으며 거절했다.

「지금 나는 두 가지 일 때문에 살고 있다. 한 가지는 방연에 대한 복수다. 고향에 돌아가면 그 한 가지 일은 할 수 없지 않느냐? 너희들 마음은 고맙다만 나는 여기 머물러 있겠다. 때때로 찾아오고 또 고향 음식이라도 보내준다면 그것으로 충분하다.」

동생들은 며칠 묵은 뒤 작별을 아쉬워하며 형에 대한 것을 홍노에게 잘 부탁하고 돌아갔다. 그 뒤 농한기에는 반드시 문안드리러 왔고 철따라 음식을 떨어뜨리지 않고 보내왔다. 돈이며 옷감 따위도 불편이 없도록 때때로 보내왔다.

〈사기〉 열전에는 이런 것을 기술하고 있다.

전기는 때때로 친하게 지내는 제나라의 여러 공자들과 놀이삼아 돈을 걸고 마차 경주를 했다. 어느 때 손빈은 그것을 구경하러 갔다. 걷지 못하는 손빈이었으므로 마차로 가서 마장 구석에 세워놓고 위에서 보고 있었으리라.

경주는 3회전이었다. 사두마차로 경주했다.

양쪽 똑같이 상마(上馬)만으로 4필, 중마(中馬)만으로 4필, 하마(下馬)만으로, 4필로 하고 있었다. 그것은 당연하다. 힘이 고르지 않으며 약한 말 때문에 처져서 전력을 낼 수 없다.

손빈은 그 말들이 또 누구의 것이든 거의 엇비슷하다는 것도 알고 있었다.

손빈은 두세 번 경주를 보고 있는 동안에 꼭 이길 수 있다는 계산이 섰다.

그날은 제나라 왕으로부터 천금의 상이 내려지는 경주가 있었다. 그 경주가 시작되기 전에 전기를 불렀다.

「이 경주에 각하를 이기게 해드리겠습니다.」

「어떻게 하면 되겠는가?」

「상대편이 상마가 끄는 마차를 내보낼 때는 각하께서 하마가 끄는 마차를 내보내십시오. 질 것은 당연합니다. 상대의 중마가 나올 때 상마를 내보내십시오. 이길 것은 당연합니다. 세 번째는 적의 하마에 대해 장군께서 중마를 내보내십시오. 중마이니까 이것도 물론 이길 수 있습니다. 말하자면 세 번 경주에서 두 번은 이길 수 있습니다. 주군께서 내리시는 천금은 각하의 것입니다.」

「과연 그렇겠군! 그대 말이 맞네!」

전기는 그 술책에 따라 출전하여 승리를 거두고 천금을 얻었다.

이 정도의 일은 현대인에게는 보통 계산할 수 있는 일이며 그다지 지혜가 필요하다고는 볼 수 없다. 그러나, 그 무렵의 사람들은 대범해서 무슨 일에나 세밀한 생각은 하지 않았으리라.

하여튼, 〈열전〉에 씌어 있는 이야기이다.

군사(軍師)

손빈의 재주와 지식에 반한 전기가, 마침내 제나라 왕게게 손빈을 추천한 것은 1년쯤 후였다.

당시, 제나라 위왕(威王)은 상당한 명군이었다. 위왕이 즉위한 첫 무렵에는 국위가 쇠퇴하고 열국의 공격을 받는 형편이었다.

예를들면, 즉위 8년에 초나라의 대군이 공격해 와서, 도읍 근처까지 점령당하는 위기에 빠졌다.

위왕은 순우곤(淳于髡)이라는 사람을 사자로 보내 조나라에 원군을 청하기로 했다. 순우곤은 본디 다른 나라 사람으로, 유세하려고 제나라에 왔다가, 위왕과 다음 대의 선왕의 마음에 들어 왕녀의 사위가 되었다. 몸집이 작은 사람으로 풍채는 볼 것도 없었으나, 지혜가 있고 유머가 풍부하고 재담 또한 천하일품이었으므로, 종종 여러나라에 사자로 갔는데, 결코 주군의 명령을 욕되게 하지 않았다.

조나라에 원군을 청하러 사자로 갈 때 위왕은 황금 100근과 사두마차 10대를 조나라에 선물로 보내기로 했다. 그러나, 곤은 갑자기 하늘을 쳐다보며 웃었다. 마침내 관의 끈이 끊어질 만큼 웃었다고 〈사기〉의 해학열전에 기록되어 있다.

위왕이 물었다.

「선생, 선물이 적다고 생각하오?」

「아니, 아닙니다.」

「하지만, 그렇게 웃는 것을 보니, 뭔가 할 이야기가 있는 모양이군.」

「실은 오늘 아침, 신은 동쪽 교외에서 농부가 신령님에게 고사드리는 것을 보았습니다만. 돼지 다리 한 쪽과 술 한 병을 차려놓고 이렇게 기원하고 있었습니다. 〈높은 곳에 있는 밭에도 곡식이 풍요하게 익어서 바구니 가득 넘치게 하옵소서. 낮은 곳에 있는 밭에도 오곡이 잘 익어서 집안 가득 넘치도록 제발 천지신명께서 보살펴 주옵소서〉라고 말입니다. 제물에 비해 욕심이 너무 많다는 것이 문득 생각나서, 웃음을 참지 못했던 것입니다. 정말 황공합니다.」

위왕은 순우곤이 풍자하는 뜻을 깨닫고 선물을 황금 천일〈일(鎰)은 24량〉, 백벽(白璧)10개, 사두마차 100대로 늘려 주었다.

「충분합니다.」

곤은 조나라에 가서 왕을 설득하여 정병 10만, 병거(兵車)천대를 얻어오기로 되었다. 이것이 초나라 군대에 알려지자, 초나라는 싸우기 어렵다고 생각하고 밤새 퇴각했다.

위왕이 어떤 방법으로 정치를 바로 잡았는가에 대해서는 일화가 있다. 왕은 관리들을 강기숙정(綱紀肅正)하는 것이 재조의 근본이라고 보고, 은밀히 사람을 보내어 지방관리의 행정 상태를 조사했다. 조사가 완성되자 왕은 즉묵(卽墨)의 지사를 불러,

「그대가 즉묵의 지사가 된 후, 나에게 들리는 보고는 그대를 비방하는 것뿐이다. 그러나, 나는 사람을 시켜 즉묵의 행정을 직접 조사했다. 그 조사에 의하면 농토가 잘 개간되고, 백성들을 부유하게 생을 즐기고, 관리는 공정하게 사무를 처리하여, 나라의 동쪽은 지극히 평안하다. 이러함에도 불구하고 그대의 치적에 대해 비방만

이 나의 귀에 들리는 것은, 그대가 청렴하고, 뇌물을 사용하여 나의 측근에 아부하지 않기 때문이리라. 나는 그대의 치적과 청렴함을 기쁘게 여긴다.」

라고 말하고, 1만호의 토지를 상으로 주었다.

다음으로, 아(阿)의 지사를 불러,

「그대가 아의 태수가 된 후, 그대를 칭찬하는 말만이 들렸다. 하나, 그 실지를 조사한 바로는, 개척하면 훌륭한 경지가 될 토지가 풀밭으로 남아 있고, 백성은 가난과 추위로 괴로워하고 있다. 또한 조나라가 견으로 쳐들어 왔을 때, 그대는 방관했었다. 위나라가 설릉을 침략했을 때도 마찬가지였다. 이처럼 정무에 무책임한 그대에 대해서 들리는 평판은 모두 좋으니, 이는 필시 그대가 나의 측근에 아첨했기 때문이리라. 그대는 실로 간사한 자이다.」

라고 엄하게 꾸짖고, 그 지사를 칭찬했던 근신(近臣) 들도 함께 묶어서, 끓는 솥에 넣어 삶아 죽였다.

이처럼 상벌을 엄중 분명하게 했기 때문에 관리들의 기강이 잡혔고, 국력은 점차 강대해졌다.

위왕의 현명함을 말해 주는 일화는 또 있다.

〈전국책〉에 이런 이야기가 있다.

위왕의 재상인 추기(鄒忌)라는 인물은 키가 8척이 넘

었고, 용모가 수려하고 당당한 위풍이 있었다. 자신도 그것을 자랑하고 있었는데, 어느날 입궐 채비를 하다가 자신의 모습을 거울에 비추어 보고 아내에게,

「나와 성북(城北)의 서공(徐公)과 어느 쪽이 더 훌륭해 보이오?」

하고 물었다.

서공은 그 때 풍채가 훌륭하기로 평판이 있었다.

「당신이 훨씬 훌륭해요.」

하고 아내는 대답했다.

추기는 어쩐지 석연치 않았다. 그래서, 첩에게 물었다.

「나와 서공과 어느 쪽이 풍채가 좋소.」

「서공 따위는 비교도 안 됩니다.」

그래도 믿을 수가 없었다.

손님이 왔을 때, 여러 가지 이야기 끝에 그 손님에게 물어보았다.

「나와 서공과 어느 쪽이 잘나 보이오?」

「서공은 각하의 아름다움에 미치지 못합니다.」

그 이튿날 서공이 찾아왔다. 추기는 찬찬히 서공을 보았다. 참으로 훌륭했다. 자신이 도저히 미칠 수 없다고 생각했다. 서공이 돌아간 뒤 거울에 자기 자태를 비추어 보았다. 훨씬 미치지 못함을 알았다.

그날 밤, 잠자리에서 생각했다.

「아내가 나를 훌륭하다고 한 것은 내 편을 들기 위해서다. 첩이 나를 훌륭하다고 한 것은, 나를 두려워하기 때문이다. 손님이 나를 아름답다고 한 것은, 내게 뭔가 바라는 것이 있어서 기분을 맞추려는 것이다.」

이튿날 아침 궁궐에 나가 위왕을 배알하고, 그 이야기를 이렇게 말했다.

「신과 같은 자라도 진실은 알고 싶습니다. 대왕님의 나라는 지방 천리, 120의 성이 있습니다. 대왕의 근신과 미희(美姬)는 대왕의 편을 들고, 조정의 신들은 모두 대왕님을 두려워하고, 나라 안 백성들은 모두 대왕에게서 이득을 얻으려고 생각하고 있습니다. 말하자면, 대왕은 사람으로 둘러 싸여 귀가 가려지고 눈이 가려져서 결코 진실을 들을 수 없고, 진실이 보이지 않도록 되어 있습니다.」

「그 말대로요. 좋은 말을 해주었소.」

위왕은 나라 안에 포고를 냈다.

「짐의 면전에서 나의 잘못을 분명하게 알려 주는 사람이 있으면 큰 상을 주리라. 문서로서 간하는 사람이 있으면 가운데 상을 주리라. 사람이 많은 곳에서 나에 대한 욕설을 하고, 그것이 내 귀에 들리면 그 사람에게는 세 번째 상을 주리라.」

　사람들은 서로 다투어 간언했으므로, 왕궁 뜰은 장터처럼 되었는데, 왕은 용케도 그 간언을 받아들여 행동과 정치에 마음을 썼다. 그러자, 몇 달 뒤에는 간언하려고 해도 간언할 수가 없었다. 간언할 일이 없어진 것이다.

　연나라·조나라·한나라·위나라, 즉 제나라와 국경을 접하고 있는 나라들은 이 이야기를 듣고 제나라에 입조(入朝)하게 되었다.

　필시, 우화에 지나지 않겠지만, 이런 우화가 만들어질 만큼 위왕은 현명한 군주였다.

　또 있다.

　이것은 역사적 사실이다. 이 때부터 3년 뒤의 일이다. 위나라의 혜왕이 제나라에 놀러 왔다. 위왕은 그를 임치의 교외로 맞아 함께 사냥을 즐겼다.

　사냥이 끝나고 주연이 벌어졌을 때, 혜왕은 위왕에게 말했다.

　「귀국은 큰 나라이므로 자랑할 만한 보물이 꽤 많겠소이다.」

　「보물이라고 할 만한 것은 없습니다.」

　「그렇습니까. 저희 나라는 작은 나라이지만 자랑할 것이 있습니다. 그것은 직경이 1치되는 구슬입니다. 밤에 구슬을 높이 들면 그 빛이 전거(戰車) 20대를 비출 만큼

강합니다만, 그것이 10개나 있습니다.」
하고 혜왕은 자랑스럽게 말했다.

그러자, 위왕이 말했다.

「부럽습니다. 그러나, 내가 보배로 삼고 있는 것은 혜황이 보배로 삼고 있는 것과는 조금 다릅니다. 내 신하 중에 단자(檀子)라는 자가 있습니다. 그 사람을 남성(南城)의 지사로 보냈더니, 초나라 사람은 사수 근방에 쳐들어오지 않게 되었고, 열두 제후가 우리나라에 내조(來朝)하게 되었습니다. 또 반자(盼子)라는 신하가 있는데, 그 사람을 고당(高唐)의 지사로 보냈더니, 조나라 사람들은 황하(黃河)에서 고기잡이를 하지 않게 되었습니다. 또 검부(黔夫)라는 신하가 있습니다만, 그 사람을 서주의 지사로 보냈더니 연나라 사람도 조나라 사람도 무서워서, 우리나라가 쳐들어오지 않도록 제사를 지냈다고 합니다. 또, 한 사람 종수(種首)라는 사람이 있습니다만, 그를 치안 책임자로 임명했더니, 풍속이 매우 엄격해지고 주운 물건을 갖는 자가 없어졌습니다. 이 네 사람은 천리를 비추는 보배 같은 신하라고 하겠습니다. 앞뒤 20대의 전거를 비추는 정도가 아닙니다.」

혜왕은 부끄러워했다는 것이다.

제나라 위왕은 이런 사람이었으므로, 전기로부터 손빈

의 이야기를 듣고 추천받자 퍽 흥미를 느꼈다.

「좋아. 한 번 만나보기로 하지.」

하고 말했다.

두 사람은 날을 정하고 만났다.

손빈은 수레에 태워져 위왕 앞으로 나아갔다.

이야기는 들었지만, 위왕은 놀라기도 하고 또한 손빈을 가엾게 생각했다. 동시에, 이런 불구의 몸으로는 비록 그 능력과 지식이 아무리 빼어났더라도 등용할 수는 없고, 직하(稷下)의 선비로 양성해 둘 뿐이라고 생각했다.

그러나, 이야기하는 동안에 위왕은 보이지 않는 손에 마음을 잡혀 마구 끌려가는 듯한 느낌이 들었다. 무릎이 앞으로 나아가는 것도 깨닫지 못했다.

정치·외교·군사 모든 것에 가장 풍부하고 정확한 지식을 갖고 있고, 또한 가장 탁월한 견식이 있었으며 곧 실행할 수 있는 방법을 갖고 있었다. 무엇을 물어도 주머니 속에서 물건을 꺼내듯 아주 쉽게 대답했다.

더욱이 병법을 논할 때는 샘물이 솟듯 끝이 없었다. 고금의 전쟁과 고금의 병법을 평하는데 정밀하고 절실하기 그지 없었는데, 결론으로 이렇게 말했다.

「전쟁은 모두 개성적인 것입니다. 그것은 인간과 같은 것입니다. 세상에 닮은 사람은 있지만, 그것은 닮았을

뿐이지 똑같지 않습니다. 그러므로, 예부터 많은 명장이
나왔고 저마다 병법을 만들었습니다만, 그것은 모두 원
칙에 지나지 않습니다. 구애될 것이 아님은 더 말할 나
위도 없습니다. 흔히 병법가는, 운용의 묘란 오로지 마
음에 있다고 했습니다만, 그것은 이 점을 말하는 것입니
다. 그러면 그 운용의 묘는 어떻게 발휘할 수 있느냐 말
씀드린다면, 지금 당면하고 있는 전쟁이 옛 전쟁의 어느
것과 비슷한가를 먼저 생각하고, 가장 비슷한 전쟁을 생
각한 뒤에는 어떤 점이 비슷하고 어떤 점이 다른가를 생
각하고, 다음에는 그 어디에 중점을 둘 것인가를 생각한
다면 가장 효과있는 병법이 자연히 발견됩니다. 이렇게
말씀드리면 대단히 오랜 시간이 걸리는 듯이 여겨집니
다. 실제로 범용한 장군은 오랜 시간 생각해도 여전히
결정하지 못합니다. 이것 역시 가장 나쁜 것입니다. 〈교
지(巧遲)는 졸속(拙速)한 것보다 못하다〉고 저희 선조
손무도 말했습니다만, 전투에 있어서 주저하고 어물거
리는 것만큼 나쁜 것은 없습니다. 그러므로, 훌륭한 장
군이란 말씀드린대로 사고 과정이 순간에 떠오르도록
스스로 훈련된 사람, 또는 천성적으로 빼어나, 태어날
때부터 그것을 할 수 있는 사람입니다.」
　위왕은 손빈에게 감동하고, 그에게 직하의 저택 하나

를 주고, 자기의 병법 군사로 모시기로 했다.

4년 뒤, 진나라는 위나라에 출병했다.

손빈의 예언은 들어맞았다. 위앙의 새로운 법률은 처음 얼마 동안 요란한 비난을 받았으나, 효공은 조금도 마음을 움직이지 않고 새 법률을 강행했다. 그러자, 몇 년 뒤에는 풍속이 개혁되어 백성은 길가에서 주운 물건을 갖지 않았고, 산에는 도적의 위험이 없었고, 백성의 생활은 풍부해지고 인구는 불어났으며, 백성은 전쟁에 용감한 대신 서로 싸움질을 하지 않게 되었고, 나라 안 어느 마을에 가도 평화로왔다. 그러자 , 처음에는 새 법률을 불평하던 사람들도 새 법률을 구가하고 도성에 올라와 관아에 출두하여,

「새 법률은 참으로 좋습니다. 처음에는 너무나 전의 것과 달라서 여러 가지 불평을 했습니다. 죄송합니다.」
하고 찬양하는 말을 하는 사람까지 있었다.

그 말을 듣자 위앙은,

「백성이란 주군의 정치에는 두말 없이 복종해야 한다. 비판해서는 안 된다. 찬양하는 말이라 할지라도 비판이다. 그런 백성은 경우에 따라 험담을 다시 한다. 정치의 방해가 되는 자들이다.」
하고 한 사람 남기지 않고 국경지대에 이주시켰으므로,

그 뒤부터는 정치에 대해서는 찬양하는 자도 헐뜯는 자
도 없어졌다고 한다. 철저하게 위정자의 권위를 세운 셈
이다.

위앙의 정치 방식은 파시즘이나 나찌즘의 국가나 공산
주의 국가의 방법과 비슷하다. 급속히 국력이 증대되지
않을 수 없다. 진나라의 증대된 국력으로 동쪽 위나라를
침공하기로 되었다. 위나라는 군대를 원리(元里)에 내보
내 방어전을 폈으나 진나라는 일격으로 그것을 무찌르
고 소량(少梁)으로 진격했다.

소량은 황하 기슭의 땅이다. 여기서도 위군은 패배하
고 장군 공손좌는 포로가 되었다. 진나라는 이들 땅을
모두 자기 영토로 접수했다.

말하자면, 여태까지는 위나라와 진나라의 국경선이 되
어 건너 멀리 서쪽에 있었는데, 이 때부터 황하가 국경
이 되어 버렸다.

위나라 수도인 안읍은 황하에서 겨우 육칠 십 킬로미
터였다. 위험은 신변에 다가왔다고 할 수 있다.

진나라를 급속히 강대하게 만든 위앙은 7년 전까지는
위나라의 재상 공숙좌가 죽을 때, 그를 중용하라, 중용
할 수 없다면 죽여 버려라. 절대로 다른 나라에 보내지
말라고 유언한 사나이였다. 업신여겨 보고 그렇게 하지

않았기 때문에 오늘의 재난을 입게 된 것이다.

위나라 혜왕은 괘씸해서 견딜 수 없었다.

「반드시 진나라 군대를 무찔러 잃은 땅을 되찾으라!」
하고 방연에게 명했다.

방연은 진나라 군대가 강하다는 것을 알고 있었다. 전에 그는 진나라와 세 번 싸웠으나 한 번도 이긴 일이 없었다. 서쪽 미개지에서 자란 진나라의 사병들은 심신이 강건하고 군인으로서의 소질이 우수했다.

전에도 그랬었는데, 새로운 특별한 정치에 의해 국력이 증대했으니 도저히 승산이 있으리라고 생각할 수 없었다.

「황공합니다만, 진나라의 강대함은 지금 솟아 오르는 해와 같은 기세이며 저들을 맞아 정면으로 싸운다는 것은 불리합니다. 그러니, 진나라에 대한 복수는 훗날 준비가 갖추어질 때를 기다리기로 하고, 진나라에 빼앗긴 만큼 다른 데서 취할 계책을 세워야 할 줄로 압니다. 신이 보건대, 조나라가 가장 빈틈이 있으니 이것을 탈취함이 좋을 것으로 생각합니다. 서쪽에서 잃은 것을 북쪽에서 취하자는 것입니다.」
하고 설득하려 했다.

이런 어리석은 전쟁은 현대에는 있을 수 없다. 현대에

는 반드시 그럴 듯한 이유를 붙이지 않으면 열국도 승인
하지 않고 국민도 움직이지 않는다.

하지만, 모든 수식을 떼어 버리면 대부분의 전쟁 이유
는 이런 것이다. 옛사람은 정직했으므로 노골적이었다
고 해도 지나친 말은 아니리라.

「좋다.」

하고 혜왕은 대답했다.

방연은 군사를 이끌고 조나라에 쳐들어가 여러 번 싸
워 조나라 수도 한단(邯鄲)까지 밀고가서 포위했다.

포위전은 해를 넘겨 이듬해까지 이르렀다.

조나라는 사자를 급히 보내어 제나라에 도움을 청했다.

이 때의 일을〈전국책〉에서는 이렇게 쓰고 있다.

제나라 왕은 신하를 모아놓고 도울 것이냐 어떠냐를
자문했다.

추기는,

「도울 필요가 없습니다. 조나라가 어떻게 되든 우리 나
라와는 아무 이해 관계가 없습니다.」

하고 말했다.

그러자, 단간윤(段干綸)이라는 자가 말했다.

「도와 주지 않으면 우리 나라가 불리해집니다.」

위왕이 물었다.

「그 까닭이 뭔가?」

「이웃나라가 강해지는 것은 우리 나라가 쇠퇴하는 것과 같습니다. 위나라가 한단을 함락하고 조나라를 멸망시키는 것이 어찌 우리 나라에 불리하지 않겠습니까?」

「그 말대로이다.」

위왕은 고개를 끄덕이고 원군을 보내기로 했다.

손빈을 등용하여 장군으로 임명하려고 했다. 〈전국책〉에 의하면 전기와 추기는 사이가 나빴다니까, 어쩌면 이것은 추기가 왕에게 권한 일인지도 모른다. 그러나, 손빈은 사양했다.

「신은 형을 치른 몸이고, 또한 불구자입니다. 상서롭지 못한 자이오니 장군 같은 큰 소임은 맡을 수 없습니다. 이것은 역시 전과 같이 전기 각하가 맡아야 할 소임입니다. 신은 장군을 도와서 대왕님의 은혜에 만의 하나라도 갚고자 합니다.」

전기에게 양보하고, 그 은혜에 보답하려고 했다.

위왕은 손빈의 말을 받아들여, 전기를 장군으로 하고 손빈을 군사(軍師)로 임명했다.

손빈은 유복(儒服)에 유관(儒冠)을 쓰고, 깃부채를 쥐고 하얀 엷은 비단을 친 가벼운 마차에 앉아, 오로지 전략을 세우는 소임을 맡아서 종군했다.

병학자(兵學者)와 병법가(兵法家)

임치를 떠나, 조나라 한단을 향하여 길을 잡았다. 1주일쯤 지나서 황하 기슭에 이르렀다.

강을 건너 사흘 행군하면 국경을 넘어 조나라에 들어간다. 강기슭에는 도하를 위해 전부터 준비되었던 배와 뗏목들이 무수하게 매어져 있었고, 담당 군인과 일꾼들이 둑 아래 바람이 불지 않는 곳에 막사를 치고 숙영하고 있었는데, 군대 도착과 함께 우르르 기어나와서 맞았다.

벌써 저녁때가 가까웠다. 10만 대군이었다. 도저히 해가 있을 동안에는 다 건너갈 수 없다. 강을 건너는 것은 내일 새벽부터 하기로 하고, 저마다 야영할 차비를 시작했다.

손빈은 가마를 갖고 오게 하여, 가마에 옮겨 앉고 전기의 마차로 가서 말했다.

「각하, 둑 위를 잠깐 산책하지 않으시렵니까?」

전기는 손빈이 무슨 용무가 있다는 것을 눈치챘다.

「좋소. 날마다 마차 위에 있었더니 몸이 이상해졌소.」

전기는 말을 가져오도록 하여 탔다.

가마를 탄 손빈과 말을 탄 전기는 앞뒤로 밭 사잇길을 지나 둑쪽으로 갔다.

둑 위에 서자 넓은 강펄 저 쪽에 누런 물이 철철 흐르는 것이 보였다. 탁한 물은 저녁녘이 가까운 햇빛을 빨갛게 반사시키면서 도도히 흐르고 있었다. 수많은 배와 뗏목이 매어져 있었고, 그 근방은 당번 일꾼들이 푸른 연기를 올리는 화톳불을 피우며 쬐고 있었다.

철은 이른 봄이지만 북쪽 이 지방에서는 봄이 늦다. 넓은 강펄에 빽빽하게 자란 갈대는 지난해에 말라 버린 것으로 아직 차가운 저녁 바람에 쏴 쏴 울면서 흔들리고 있었다.

둑 위로 조금 상류 쪽에 갔을 때 손빈은 가마를 내려놓게 하고 사병들을 물러가게 했다.

「장군, 잠깐 이야기합시다.」

전기가 말에서 내리자 말구정에게 말을 멀리 끌고 가게 하고 손빈에게 다가왔다.

손빈은 미소짓고 전기를 쳐다보며 말했다.

「이제 저희들은 여기까지 왔습니다. 내일 하루 걸려서 이곳을 건너면, 사흘 뒤에는 조나라에 들어갈 것이고, 게다가 닷새 걸리면 한단까지 가게 됩니다. 어떻게 하시렵니까?」

전기로서는 묻는 뜻을 잘 알 수 없었다.

「어떻게 하다니?」

하고 되물었다.

「역시 한단을 향해 진군하실 작정이십니까?」

「군사(軍師)는 이상한 말을 묻는구려. 가지 않고 어떻게 하겠는가. 한단의 위급을 구원하기 위해 우리는 온 걸세.… 하지만, 군사가 그렇게 말하는 것을 보니 뭔가 생각이 있는 것 같은데, 들어보기로 할까.」

「저는 조나라에 들어가지 말고 위나라에 들어가면 어떨까 생각합니다.」

「으음, 그 까닭은?」

「어렸을 때 낚싯줄이 얽혀져 좀처럼 풀어지지 않아서 화가나 주먹으로 때린 적이 있습니다. 아버지께서 그걸 보시고, 그렇게 해서 어쩌자는 거냐,하고 훈계하셨습니

다. 뒤엉킨 것을 손가락으로 정성껏 풀어야 한다고 말씀
하셨습니다. 또 젊었을때 초나라에 유학했을 무렵 거리
에서 두 젊은이가 싸우는 것을 본 적이 있습니다. 서로
비수를 빼어들고 맞싸우고 있었습니다. 둘 다 건장한 사
나이였으니 아무도 뛰어들어 말리는 사람이 없었습니
다. 저걸 어떻게 하지, 하고 외치고 있을 뿐이었습니다.
이윽고 순라병이 왔습니다. 싸우는 것을 보자 손에 든
창을 버리고 맨손으로 뛰어들어 가더니, 주먹으로 젊은
이들의 배를 힘껏 쥐어박았습니다. 두 젊은이는 어쿠,
하고 외치며 떨어지더니, 저마다 배를 움켜잡고 쓰러져
버렸습니다. 어떻습니까? 이런 술법을 쓴다면?」

「좋은 기회이므로 이 기회를 놓치지 말고 위나라와 조
나라 양국을 쳐부수자는 건가?」

「하하하, 그렇게까지 악랄하게 생각하지 않습니다. …
우리가 이대로 한단까지 가면 불리한 일이 네 가지 있습
니다. 첫째, 우리가 오는 것을 적은 알고 있으므로 충분
한 준비를 갖추고 기다리고 있으리라는 것입니다. 둘째,
우리는 먼 길을 급히 걸었지만 적은 휴양을 취하면서 기
다리고 있습니다. 병법에 이른바 편안히 쉬면서 피로하
기를 기다린다는 경우와 같습니다. 셋째, 두 나라 싸움
에 말려들어 혼전이 되고, 가령 승리하더라도 손해가 클

것이 틀림없습니다. 넷째, 싸움은 기세에 따르므로, 만일 조나라 군대가 패배하면 우리 군사들의 마음은 흔들리지 않을 수 없습니다. 거기에 기세가 넘친 위나라 군대가 돌격해 오면 우리 군대가 패할 공산이 큽니다.」

하나하나를 손꼽아 가며 설명했다. 설득력이 있는 말이었다.

「으음, 그래서 어떻게 하자는 건가?」

「한단에 가지 말고 위나라에 들어가 대량(大梁)을 치는 것입니다. 위나라는 한단 포위전에 전력을 쏟고 있습니다. 힘센 젊은이는 모두 한단 포위전에 몰려갔고 나라 안에는 늙은이와 어린이, 그리고 병약한 사람만 남아 있을 것이 틀림없습니다. 위나라 군대는 빈 보금자리를 습격당하는 것입니다. 반드시 회복시키려고 급히 포위망을 풀고 대량으로 돌아올 것입니다. 우리는 그 길목을 지키고 있는 겁니다. 적은 먼 길을 급히 달려옵니다. 우리는 예기를 키우며 기다리고 있는 것입니다. 전과는 반대로 우리는 편안히 쉬면서 상대가 피로해지기를 기다리는 셈이지요. 반드시 그들을 깨뜨릴 수 있습니다. 일석이조, 한꺼번에 한단의 포위망을 풀게 하고 위나라 군대를 섬멸할 수 있습니다.」

손빈의 재략을 믿고 있는 전기는 퍽 부드러웠다.

「좋아」

한 마디 의문도 없이 동의했으나, 이렇게 물었다.

「후학(後學)을 위해서 묻고 싶은데, 만일 입장을 바꾸어 우리가 지금 위나라 군대의 입장에 있다면 어떻게 하는 것이 좋겠는가?」

손빈은 미소를 띠었다.

「한단을 포위하고 있는 위군은 10여 만입니다. 그것과 달리 조나라 군대는 여러 번의 패전과 식량도 모자라는 농성전에 의해서 칠팔 만으로 줄었고, 게다가 장병들은 지쳐 있습니다. 위나라 군대가 1만명의 사상자를 낼 각오로 마구 맹공격으로 나가면 일거에 점령할 수 있습니다. 점령하면 조나라 군대를 무장해제시킨 뒤, 대량을 다시 탈환하기 위해 돌아오는 것입니다. 그것은 서두를 필요가 없습니다. 장병들이 피로하지 않도록 충분한 예기를 지탱시키며 돌아옵니다. 장병들은 한단을 함락시킨 것으로 사기가 올라 있고, 대량을 빼앗은 일에 대해 적개심에 차 있을 것입니다. 한시라도 빨리 적과 만나 격파하고 싶은 용솟음이 넘치고 있을 것입니다. 급히 서둘지 말고 서서히 행군해야 합니다. 적당히 억압된 기력은 가장 강한 폭발력으로 커집니다. 그렇게 해두고, 적과 만나더라도 결코 결전을 서둘지 않고 당당하게 진을 치고 싸워야 합니다. 승부는 그 때의 적과 아군의 대장군의 기량, 진형, 그밖의 여러 가지 조건이 크게 관계하므로, 간단히 계산할 수 없지만, 이렇게 하면 적어도 적보다 3할 정도는 우위에 서서 싸울 수 있습니다.」

전기는 불안한 얼굴로 말했다.

「그렇다면 이번 경우도 적이 그 수법으로 나올 수 있지 않을까?」

손빈은 껄걸 웃었다. 그리고 덧붙여,

「실례했습니다. 아시다시피 저는 위나라 장군 방연과는 소년 시절부터 40살 너머까지 가장 친하게 지내고 해서, 그 사람됨을 충분히 알고 있습니다. 그에게는 그런 기략이 없습니다. 그는 병학자(兵學者)입니다만, 병법가(兵法家)는 아닙니다.

「병학자와 병법가는 무엇이 다른가?」

「다릅니다. 병학자란 예부터의 병법을 잘 알고, 고금의 전사를 잘 알고 병제의 변천 따위를 연구하는 사람입니다. 그러나, 단지 그런 사람일 따름입니다. 병법가는 때에 의해서, 또는 변화에 의해서 가장 적당한 전술을 안출할 수 있다면, 옛사람의 병법 따위는 몰라도 좋습니다. 물론 옛사람의 병법을 알고 있어도 좋고, 고금의 전사에 밝아도 상관 없습니다. 다만, 그것을 실제로 응용

함에 있어서는 독자적인 기략을 가지고 자유자재로 운용해야 합니다. 그것이 병법가입니다.」

「으음, 그렇군!」

「방연에게는 긴요한 기략이 없습니다. 옛 병서는 저의 선조인 손무님이 쓴 것도, 그렇지만 모두 공성(攻城)의 어려움을 설명하고 함부로 공격할 것이 아니라고 했습니다. 단언합니다. 방연이, 제가 방금 말한 그런 수법은 절대로 쓰지 않습니다. 필연코 그는 몹시 당황하며 한단의 포위망을 풀고 대량으로 질풍처럼 달려올 것이 분명합니다.」

전기는 방연과 한 번 뿐 이었지만 싸워서 졌었다. 그래서, 꽤 무서운 적이라고 생각하고 있는 전기는, 손빈이 방연을 업신 여기는 것이 걱정스러웠다.

그는 손빈을 크게 믿고는 있으나, 손빈에게 여태까지 실전 경험이 없는 것이 불안했다.

그 불안을 눈치 챘음인지 손빈이 말을 이었다.

「방연이 여태까지 만났던 사람들은 모두 범용한 장군들 뿐 이었는가 봅니다. 그렇지 않고선 그의 재능 정도로 그만한 전적(戰績)을 올릴 까닭이 없습니다.」

전기가 웃으며 말했다.

「부드럽게 말하기 바라네. 나도 방연과 싸워서 졌던 한 사람일세.」

「아, 이거 실례되는 말을 드렸군요. 그런 생각으로 한 말은 아니었습니다.」

하고 사과했고, 별로 당황하는 기색도 없이 여전히 말을 계속했다.

「이번이야말로 방연은 그 이름이 그 재주에 맞지 않는다는 것을 알게 될 것입니다. 하기야, 그도 옛날부터 나에게 미치지 못한다는 것은 충분히 알고 있습니다만.」

방연에 대한 빈의 원한과 증오가 이토록 깊은 것을 알고 전기는 놀랐다. 그러나, 문득 털썩 주저앉은 것처럼 가마에 앉아 무릎 밖에 없는 두 다리를 불쑥 내밀고 있는 빈을 보자, 그럴 거라고 속으로 끄덕였다.

해가 한층 서쪽으로 기울고 저녁바람이 약간 세게 불기 시작하자 강펄의 마른 갈대밭을 요란하게 흔들어대며 몹시 추워졌다.

두 사람은 종자들을 불러 둑 위를 떠났다.

둑 아래에는 수천의 막사가 쳐져 있고, 밥을 짓는 아궁이에 불꽃이 붉게 타오르며, 그것을 둘러싸고 병사들이 즐거운 듯이 웃으며 담소하는 것이 보였다.

제나라 군이 황하는 건너지 않고 그 오른쪽 기슭으로 올라갔다는 보고는 며칠 뒤 한단을 포위하고 있는 방연에게 전해졌다.

그는 제나라가 조나라의 청을 받아들여 구원병을 보낼 것을 승낙하고, 그 장군에 전기를 임명하고 참모로서 손빈을 딸렸다는 것을 알고 있었다.

전기와는 한 번 싸운 일이 있으므로 대개 어느 정도의 무장(武將)인지 알고 있었다. 조금도 두렵지 않았다. 제나라 군대도 무섭지 않다. 풍부한 환경에서 자란 때문일 것이다. 체격도 크고 혈색도 좋으며 힘도 세었지만, 정신력이 약하고 끈질긴데가 없다. 군인의 바탕은 체력보다 정신력에 중점을 두어야 하는 것인데, 그 점에 있어서 제나라 군사는 크게 약점이 있다.

이런 군대는 한 번 겁을 먹으면 힘없이 무너지는 것이다.

무서운 것은 손빈이었다. 그는 빈이 천재임을 알고 있었다. 소년 시절부터 그의 재주에는 놀라기만 했다.

그가 보는 눈은 앞일을 살펴보는것이 어김 없는 귀신 같다. 그의 머리는 신기한 수단과 계책을 생각해 내기를 봄 누에가 실을 토해내는 것 같다. 뒤를 이어 끝날 줄을 모른다.

처음 한동안은 겨뤄 볼 생각도 있었다.

「내가 이끌어서야 병법에 뜻을 두지 않았던가. 책을 보

는 거나, 연구를 하는 거나 나처럼 열심히 아니다. 사람
이 타고난 재주는 다 비슷비슷한 것이다. 뭐 그리 대단
하랴!」
하고 경쟁했다. 그러나, 이윽고 그 경쟁심은 사라지게
되었다.

「하늘이 준 것이니, 나는 도저히 미칠 수 없다!」
하고 단념했다.

자기에게 다행스러운 것은 빈은 명리에 대한 욕망이
전혀 없고, 숨은 선비로서 세상을 마칠 생각이었으며,
여러 가지로 도움을 받을 필요도 있었기 때문에 가장 친
한 친구로서 사귀어 왔었다.

그러나, 아무리 그렇더라도 이 사람이 세상에 나가 활
동할 생각을 갖게 되면, 자기 같은 사람은 그의 그늘에
가려져 도저히 이름난 장군으로 행세할 수는 없을 거라
는 생각을 할 때도 있었다.

스스로도 악랄하다고 마음의 가책을 받으면서도, 결국
그길로 빠지고 만 것도 이 때문이었다. 위나라에 벼슬하
고 싶다고 말을 꺼냈으므로, 그렇게 되면 오래지 않아
지위를 빼앗기고 만다. 빈이 그런 생각이 없더라도 시간
이 지나는 가운데 나라의 위아래 사람들이 빈의 재주를
인정하게 될 것이 틀림없다. 그렇게 되면, 싫어도 자기

지위를 보존할 수 없게 될 것이라고 생각했기 때문이다.

(그 무서운 손빈과 대결해야만 한다.)하고 생각했을 때, 방연은 몸을 부르르 떨었다.

그가 빈보다 낫다고 자부한 것은 경험이다. 빈은 지금 껏 한번도 실전 경험이 없다. 오기 장군에게 배울 때 몇 번 종군한 일이 있지만, 그것은 견학이었다. 실지로 싸 워야 할 군사로서나 장교로서나 실전에 임한 일은 없다. 싸움터에서는 사람의 마음이 보통 때와는 아주 다르다. 지혜가 있다는 사람도 싸움터에서는 그 지혜가 반도 제 대로 나오지 않는다. 첫 경험 때는 특히 그렇다. 자주 경 험을 쌓고, 이른바 싸움터에 익숙해져야만, 비로소 평소 의 지혜가 그대로 나오게 된다. 이점 자기는 충분히 경 험을 쌓고 있다.

「설사 손빈에게 열이란 재주가 있고, 내게 일곱이란 재 주밖에 없다 하더라도, 빈이 그 반인 다섯이란 재주밖에 내지 못하는 것에 대해, 나는 일곱이란 재주를 가지고 맞설 수가 있다. 게다가, 군대의 소질에 있어서는 위나 라 군대가 제나라보다 월등하게 났다. 충분히 이길 수 있을 것이다.」

라고 계산했다.

「계산이 많은 쪽이 이긴다고 빈의 할아버지 손무도 말

했다.」
하고 불안한 생각을 억눌렀다.

그는 맞서 싸울 결심을 하고, 제나라 군대가 오는 길에 그 지세를 이용하여 충분한 대비를 해 두었던 것인데 새로 들어온 보고에 따르면 제나라 군사는 도중에 길을 바꾸어 황하를 따라 거슬러 올라가고 있다 한다.

「뭐라구? 그것이 정말인가? 틀림이 없는가?」
하고 소리쳤다. 필승을 기한 모처럼의 대비가 헛되이 되고 만것에 화가 났다.

「사실입니다. 모처럼 준비해 둔 뗏목과 배를 그대로 두고 상류로 행군해 갔으니까요. 그러나, 만일을 몰라 첩자를 몇 사람 딸려 두었으므로 정확한 것은, 뒤이어 보고가 들어올 것입니다.」

역시 방연도 일류의 병법가이므로 제나라 군사가 빈 집을 노려 대량(大梁)을 점거할 계략이란 것을 금방 알았다. 머리털이 곤두서는 기분이었다.

대량은 동쪽으로 치우쳐 있지만 수도인 안읍 다음으로 번화한 도시로 위나라에게는 중요한 곳이다. 이번 싸움에는 정예부대를 모조리 이끌고 나왔기 때문에 이 중요한 도성에도 정예부대는 거의 남아 있지 않다. 늙은이와 어린이, 병약자와 여자들 뿐이다. 제대로 싸우지도 못하고 항복할 것이 틀림 없었다.

(몇 달을 두고 한단을 함락시키지 못한 데다가 대량 같은 요지를 제나라에 빼앗기면 내 처지가 말이 안 된다.)
하고 생각했다.

(대왕과 대신들과 백성들이, 나를 장군으로 두는 것을 싫어하게 될 것이 틀림없다.)
라고 생각했다.

잠깐도 지체할 수 없었다.

당장 포위를 풀고 대량으로 달려가기로 했다. 그러나, 그것이 뜻대로 쉽게 되지 않는다. 생각 없이 철수를 서두르게 되면 적군이 추격해올 염려가 있다. 후군을 두어 경계를 하며 서서히 철수해야만 한다.

가슴을 죄어가며 꼬박 하루가 걸려 포위를 풀고, 다시 반날이 걸려 성을 떠난 다음, 거기서부터 급행군으로 옮겼다.

사흘 동안 급행군을 거듭하여 중간 지점까지 왔을 때 대량은 그저께 함락되었다는 보고를 받았다. 끝내 제때에 오지 못한 것이다.

이왕 시기를 놓친 이상 이제 서두를 필요는 없다. 너무 급히 행군한 탓으로 뒤처진 부대도 많다. 병사들도 지쳐 있었다. 잠깐 쉬며 뒤처진 부대를 기다렸다가 충분히 사기를 기른 다음 행군하는 것이 옳다.

방연은 꼬박 이틀 그 곳에 머물러 있으면서 휴양을 취하게 하고 군용을 가다듬었다.

그 사이에 또 보고가 들어왔다.

「일단 대량을 점령한 제나라 군사는 위나라 군사가 한단의 포위를 풀고 이리로 오고 있다는 것을 알고, 맞아치기 위해 그 길목을 향해 오고 있다.」

라는 것이다.

(이겼다!)

방연은 기뻤다.

싸움에 있어서 가장 어려운 것은 성을 공격하는 것이다. 성벽의 튼튼함과 성 안의 병력과를 훨씬 앞서는 힘이 없이는 성을 함락시킬 수 없다. 그러므로 손무의 병법에도,

〈성을 치는 것은 최하 방법이다. 하는 수 없이 행하는 것이다. 오랜 세월에 걸쳐 공격하는 기구를 만들기도 하고, 정찰에 쓰일 높은 대를 만들기도 해야 한다. 그러나, 그래도 뜻을 이루지 못하는 일이 많다. 그렇다고 힘으로 공격하게 되면 3분의 1이란 군대를 잃게 되고, 그리고도 함락시키지 못하는 경우도 많다.〉라고 했을 정도다. 그러므로, 방연이 가장 두려워한 것은 제나라 군사가 대량

에 그대로 머물러 있는 것이었다.

그러나, 제나라 군사는 모처럼 점령한 대량을 나와 들에서 싸우려고 나오고 있다 한다. 아주 반가운 일이다. 그러나 문득,

(그렇지만 놈은 선조의 병서를 충분히 읽었다. 그것을 내가 알고 있다. 그런데, 어째서 안전한 것을 버리고 위험한 야전을 하려는 것일까.)하고 생각했다.

해답은 금방 나왔다.

(성을 지키며 싸우는 것은 화려하지 못하기 때문이다. 놈은 처음 제나라에 벼슬하여 가장 화려한 활약을 해보여야 될 처지에 있다. 그러므로, 위험을 무릅쓰고 야전에서 승부를 결정지으려 한다.)

게는 자기에게 맞는 구멍을 판다고 한다. 방연다운 해석이라 할 수 있다.

그러나, 그 해석에 이어 이렇게 생각했다.

(놈은 나를 원망하고 미워한다. 복수심이 대단할 것이다. 그러므로, 야전을 택했다. 그런 만큼 자신도 있는 것이리라.)

등줄기에 전율을 느꼈다.

함정의 담판

방연은 진용을 갖추었다. 끊임없이 둘레에 척후를 놓으며 가장 견실한 보조 군대를 진군시켰다. 빈의 재주에 대한 두려움이 늘 가위눌리듯이 가슴을 누르고 있었다. 아무리 조심해도 어딘가 실수가 있을 것만 같아 마음이 놓이지 않았다.

제나라 군사도 진군해 왔다. 역시 척후를 놓아 위나라 군대의 상황을 더듬으며 조심스럽게 나왔다.

「군사의 예상은 반은 맞고 반은 빗나간 것 같네. 방연이 한단을 힘으로 빼앗지 못하고 포위를 풀고 이리로 온 것은 맞았으나, 급히 서둘러 달려올 것이라고 한 것은 맞지 않았네.」

하고 전기는 손빈에 말했다. 그는 아직 방연을 두려워
했다.

「맞습니다. 그러나, 장군께선 그가 급히 달려오지 않는
것이 왜인지 아십니까?」

빈은 침착하기만 했다.

「결전 때에 대비해 군사를 지치지 않게 하려는 것이겠
지.」

「그것도 있습니다. 그러나, 보다 큰 이유가 있습니다.」

「모르겠군.」

「나를 두려워하는 탓입니다.」

힘주어 말했다.

전기는 잠자코 있었다. 너무 자신에 차 있는 것 같다고
생각했다.

빈은 웃었다.

「자부심이 지나치고 방연을 너무 얕본다고 생각하시는
모양이군요. 그러나, 내가 보는 것이 틀림없습니다. 분
명히 그는 나를 두려워하고 있습니다. 조심한다기보다
겁을 먹고 있는 것입니다. 나도 그가 이토록 나를 무서
워할 줄은 몰랐습니다. 내 짐작이 틀린 것은 그 때문입
니다. 그러나, 겁을 먹고 있다면 거기에 따라 손을 써야
만 합니다.」

여유만만했다.

하루를 더 행군한 다음 엄중히 진을 치고, 이제 나아가지 않았다.

위나라 군사는 여전히 나아오고 있는데, 그 속도는 벌레가 기어오듯 더뎠다.

「좀 일찍 할까요.」

빈은 전기에게 말했다.

「어떻게 하는 건가?」

「두고 보십시오. 오늘밤 진중에 좀 이상한 변이 있을 겁니다. 그러나, 놀라지 마시기 바랍니다.」

그렇게 말했는데, 그날 밤 군량을 실은 수레가 모여 있는 근처에 화재가 나, 대부분 태우고 말았다.

이상한 변이란 이것이었던가, 하고 전기는 빈에게 물었다.

「그것은 군사가 일부러 태운 건가?」

「약간 방연에게 용기를 준 것입니다. 이 언저리에 수없이 우글거리는 위나라 첩자들에 의해, 이 사실은 곧 그가 알게 될 것입니다. 나를 두려워하는 방연이므로, 혹시 계략이 아닌가 하고 의심하며, 충분히 이 쪽을 정찰한 다음 움직이기 시작하겠지만, 움직이기 시작하면 그는 내 꾀에 걸려든 것입니다. 아무튼, 그의 정찰에 대한 미끼를 던지지 않으면 안 됩니다. 당분간 매일 군대를 내보내어 근처 마을에서 양식을 징발시켜 주십시오.」

제나라 군사가 양식을 불태우고, 보급에 궁해 있는 모습을 보이겠다는 것이다.

「좋아.」

전기는 부장들을 불러내어 양식을 징발하라고 명령했다. 제나라 각 부대는 징발대를 내어 매일 근처 마을로 나가 양식을 징발했다. 위나라는 방연이 장군이 된 뒤로 해마다 전쟁이 있었으므로, 백성들은 무거운 세금에 시달려 남은 곡식이 거의 없었다. 다투어 양식을 숨겼기 때문에 징발하는 성적은 뜻대로 오르지 않았다. 징발대는 꽤 먼 곳까지 나갔다.

척후의 보고에 따르면, 이 쪽에 화재가 난 소식이 전해졌을것으로 생각될 무렵부터, 위나라 군사는 진군을 정지하고 있다는 것이었다.

「방연은 의심하고 있습니다.」

빈은 전기에게 말하고 웃었다.

며칠 뒤, 위나라 군사가 또 진군을 시작했다는 보고가 들어왔다.

「방연은 덫을 향해 빨려들고 있는 중입니다. 그러나, 아직 그의 의심은 남아 있습니다. 다시 계책을 쓸 필요가 있습니다.」

설명은 손바닥을 가리키는 것 같았다. 모든 것이 그가 예언한 그대로 였다. 전기는 놀라 감탄하며 물었다.

「어떤 계책을 말이오.」

「얼마 동안 장병의 식량을 5할로 줄인다는 포고를 내 주십시오. 덫에 달아맨 고기에 짙은 냄새를 풍기게 하여 먹고 싶은 마음을 자극시키고 그 판단이 뒤틀리게 만들어야만 합니다.

「알았네. 그러나 장병들이 무척 불평을 하겠지.」

「그러니까 효과가 있습니다. 우리 편도 속아 넘어가는 데 어떻게 적이 속지 않고 견디겠습니까. 방연도 병법을 가지고 세상에 나온 사람입니다. 섣불리 끌려들지는 않습니다. 그러나, 맛있는 냄새를 맡게 되면 달려들지 않고는 베기지 못합니다.」

전기는 전군에 식량을 줄인다는 포고를 냈다.

장병들의 불평이 이만저만이 아니다. 거기에 대해 빈은,

「적군은 차츰 접근하고 있는데 결전이 언제 될지 모른다. 위나라 백성은 해마다 계속되는 징발로 가난에 쪼들려 남은 양식이 적으므로 식량 징발은 매우 성적이 좋지 못하다. 오래 버티기 위해서는 가지고 있는 것을 절약하

는 수밖에 없다. 참아 주기 바란다.」

하고 널리 알리게 했다.

　전기는 모든 것을 빈의 말대로 했다. 그러나, 불안이 없는 것은 아니었다.

「앞으로 적이 어떻게 나온다고 군사는 보는가?」

하고 물었다.

「멀잖아 어떤 행동으로 나올 것입니다. 그러나, 그것은 우리를 공격하기 위한 것은 아닙니다. 두고 보시지요.」

　며칠 뒤 위나라 군사는 제나라 군사로부터 칠팔 킬로 떨어진 지점인 계릉까지 오자, 엄중히 진을 치고 더는 나아오지 않았다.

　빈은 전기에게 말하여, 모든 군대에게 명령하여 엄중히 경계했다.

　칠팔 킬로 거리를 두고 양쪽 군대는 서로 노려보기를 사흘 계속했다. 양군 사이에는 첩자와 척후들이 날파리나, 메뚜기처럼 날뛰었다.

　나흘째 되는 날, 위나라가 진을 치고 있는 계릉 서쪽 몇 킬로 지점에, 위나라 군사의 병량이 많이 운반되고 있다는 정보가 들어왔다. 양 쪽에 산이 막혀 있다. 약간 넓은 절구 모양으로 된 좁은 골짜기 길을, 양식을 가득 실은 마차들이 쉴새없이 뒤를 이어 엄청난 수량에 이른

다는 것이다.

빈은 전기와 자리를 같이하고 농민으로 변장한 첩자로부터 보고를 받고 물었다.

「그 마차는 어떻게 생겼더냐?」

「보통 짐 싣는 마차였습니다.」

「실은 것이 보이더냐?」

「그건 보이지 않았습니다. 둘레를 썩은 나뭇잎 색깔의 천으로 싸두었습니다.」

「알았다. 계속해서 잘 살피도록 해라.」

빈은 첩자를 물러가게 한 다음, 전기에게 말했다.

「이것은 방연이 놓은 덫입니다. 우리 군대를 유인해 내어 미리 숨겨둔 군대로 덮치려는 것입니다. 그 짐수레에 실은 것은 양식이 아니라, 마른 섶과 마른 풀과 유황 등일 것입니다.

우리 군사가 이를 빼앗으려고 뛰어들면, 동시에 수송을 담당한 병사들은 불을 놓고 달아나고, 그와 동시에 숨은 군사가 사방에 불을 질러 불 속에 우리 습격대를 태워 죽이려는 꾀입니다. 식량이 딸리는 우리 군사가 끌려들지 않을 리 없다고 생각한 것이겠지요.」

「그래서 경은 어떤 꾀로서 이에 대처하려는 거요.」

「이를 이용해서 단숨에 승부를 낼 작정입니다. 아직 시기가 무르익지 않았습니다. 하지만, 그 시기는 며칠 안으로 반드시 올 것입니다. 조용히 기다려 주십시오.」

손빈은 즐거운 듯이 설명하고 다시 말했다.

「그 때까지 모든 부대는 가볍게 움직여서는 안 됩니다. 군령을 지켜 명령 없이는 절대로 행동해서는 안 된다고 명령을 내려 주십시오.」

전기는 전군에 널리 알려 군령을 어기는 사람은 누구를 막론하고 사형에 처한다고 전했다.

그 뒤 며칠 동안 빈은 계속 밀정을 놓아 적정을 정찰케 하며 자신은 가만히 하늘을 살펴보고 있었다. 약 열흘쯤 지난날 밤에 전기를 와 달라고 청했다.

「드디어 시기가 무르익었습니다. 오늘 밤중이 조금 지난 무렵부터 결전에 들어갑시다.」

라고 했다.

「어떻게 하는가?」

「방연은 우리 군대를 유인해 내려고 줄곧 군량 실은 수레를 움직이고 있었으나, 우리가 그의 꾀에 넘어가지 않으므로 의혹에 빠져 있습니다. 방연이 그 모양이므로 복병들도 지루해서 몹시 해이해져 있습니다. 하늘을 보니 오늘밤은 한밤이 지나면서 남풍이 상당히 강하게 불 것입니다. 부대를 시켜, 바람부는 쪽에서 불을 놓게 함과 동시에 또 다른 군대를 대기시켜 두었다가, 적의 복병이 뛰쳐나오거든 이를 양쪽에서 쳐서 무찌르는 것입니다.」

「과연 재미있겠군. 그러나, 틀림없이 남풍이 불겠는가?」

「틀림없습니다. 반드시 불게 됩니다. 중요한 것은 지금부터 말씀드리는 일입니다. 방연은 불이 일어나는 것을 보면, 그것이 이 쪽 계략인 줄은 모르고, 자기가 놓은 덫에 우리 군대가 끌려든 것으로 생각하고 다른 수단으로 나올 것입니다. 즉, 우리 본진이 허둥대고 있을 것으로 넘겨짚고 많은 군대를 보내 습격할 것이 틀림없습니다. 그러므로, 이에 대비해서 횃불만을 밝혀 두고 모든 군대는 양쪽 산에 숨어 있다가 몰려오는 적이 뜻하지 못한 상황에 놀라 당황하고 있을 때, 양 쪽에서 덮치면 몰살에 가까운 타격을 줄 수 있습니다.」

「그렇군, 그래.」

「또, 있습니다. 미리 군대를 적진 가까이 대기시켜 두고, 적이 우리 진지를 습격하러 나온 뒤를 노렸다가 습격하는 것입니다. 아마 그 곳에는 방연이 있을 테지만, 군대는 얼마 남겨두지 않았을 것이므로 손을 쓸 수 없을 것입니다. 이것은 내가 직접 맡겠습니다.」

「그렇게 하게.」

작전은 결정되었다.

모든 장수들이 본영에 소집되었다.

빈은 자세히 작전을 설명하고 저마다 임무를 주었다.

장수들은 힘이 나서 자기 진으로 돌아가 준비했다.

한밤이 조금 지났을 무렵, 먼저 빈이 손가마에 타고 떠났다. 그러자, 얼마 안 되어 남풍이 살랑거리기 시작했다. 바람 한 점 없는 밤이었으므로, 이렇게 되자 사람들의 감동은 이만저만 아니었다. 승리를 의심하지 않게 되었다.

계략은 전부 예상한 대로였다.

짐수레가 있는 곳으로 숨어든 부대가 불을 놓음과 동시에 수레는 순식간에 활활 타올랐다. 때마침 세차게 부는 남풍을 타고 불은 점점 번져갔다. 본디 잘 타는 물건들을 가득 실은 위에 폭죽 같은 것도 많이 들어 있었으므로, 불길은 걷잡을 수 없는 기세였다.

지겨운 마음으로 늑장을 부리고 있던 복병들은 놀라 당황하며 일어나 습격에 들어갔는데, 뜻밖에도 어느 사이에 밀어 닥쳤는지 바로 등뒤에 적군이 있다가 고함을 지르고 쳐들어 왔다. 그와 동시에 앞에 있는 적도 반격을 시작했다.

「적에겐 준비가 있었다.! 조심해라!」

당황한 가운데서도 우두머리 장수는 부하들에게 외쳤다. 그러나 이런 경우에 그런 주의 따위는 도리어 혼란만 더할 뿐이다. 앞뒤를 분간 못하고 이리닫고 저리닫고 했다.

이렇게 된 것을 위나라 본영에서는 모르고 있었다. 예정된 곳에서 불길이 올랐으므로, 방연은 이제 됐다고 생각했다.

(꽤 힘들었지만, 드디어 걸렸다!)

틀림없이 적의 본영은 당황하여, 실패로 끝난 습격대를 구출하려고 정신을 못차리고 있을 것이라고 판단했다.

모든 장수들을 불러,

「제나라 군사의 본영으로 쳐들어가라. 불을 놓고 둘러싸고 무찌르라. 절구 속에 넣은 것을 모조리 짓찧듯이 숨돌릴 사이도 없이 한 놈도 놓치지 않을 작정으로 쳐부수어라. 서둘러라! 서두르지 않으면 날이 밝고 만다. 날이 밝기 전에 해치우지 않으면 귀찮게 된다!」

하고 내몰 듯이 거의 전군을 내보냈다. 본영에는 겨우 5천기 밖에 남기지 않았다.

그 뒤, 방연은 호위병 100명 가량을 이끌고 본영 뒷산으로 올라갔다. 두 곳에서 벌어지고 있는 싸움을 구경할 생각이었다. 그는 이 싸움이 보기좋게 적을 전멸시키는 싸움이 될 것을 믿어 의심치 않았다.

(손빈의 마지막 죽는 모습을 내 눈으로 똑똑히 보리라.)하고 생각했다.

나무가 적고 험한 바위산이긴 했지만 그리 높은 산은 아니다. 지팡이를 짚어가며 산 위에 이르렀다. 이마에 번진 땀을 닦으며 눈길을 보냈다.

맨 먼저 싸움이 벌어졌던 곳은 벌써 고함소리가 들리지 않았다. 그러나, 불길은 아직도 활활 타올랐다. 콩을 볶는 것 같은 폭죽 소리가 울리며 불길은 걷잡을 수 없이 치솟았다.

「허허. 벌써 이 쪽은 다 끝났는가. 하지만, 꽤 일찍 해치웠군.)

이렇게 생각은 하면서도 어쩐지 불안한 느낌이 들어 눈여겨 보고 있었다.

그러는 가운데 제나라 본영이 있는 방향에서 고함 소리가 울렸다.

방연은 어둠 속을 노려보았다. 위나라 군사가 습격을 시작한 것으로 생각했는데, 그렇다면 불길이 오르지 않는 것이 이상했다. 고함소리에 앞서 불을 먼저 놓았어야만 했을 것이다.

(그렇다면? 어떻게 된 것일까?)

하고 의아했을 때, 갑자기 산기슭 위나라 본진에 처절한 함성이 터지는가 싶더니, 불빛이 번쩍하고 금방 불길이 치솟았다. 큰 붓으로 거칠게 확 그어 올린 듯이 노란 불꽃과 불똥이 어두운 허공으로 치솟은 것이다. 그 불빛 속에서 싸움이 벌어지고 있는 것이 역력히 보였다.

「큰일났다!」

무심코 외쳤다.

적이 이 쪽의 허점을 노려 쳐들어온 것이 틀림없다.

승패의 비율은 위나라 쪽이 훨씬 뒤진다. 우선 불의에 기습을 당한 것이다. 위나라 군사가 환한 불빛 속에 있는데 적은 불빛 바깥쪽에서 이 쪽을 과녁삼아 화살을 쏘아 보내고 있다. 군사 수도 너무 틀린다. 어둠 속에서 돌멩이를 던지듯이 뛰어나와 연달아 솟아나듯 적의 수는 한이 없는 것처럼 여겨진다. 그런데 이 쪽은 겨우 5 천 명이다. 한주먹 밖에 안 된다.

게다가, 기습을 당해 정신을 차릴 수 없으므로 제대로 맞싸울 수가 없다. 오금이 붙어 팔짱을 낀채 죽어 넘어지는 사람이 있고, 도망치기에 바쁜 것처럼 보이는 사람도 있고, 힘을 다해 적과 싸우는 군사는 몇 명 안되는 것 같았다.

「틀렸다! 틀렸어! 이젠 다 틀렸다!」

하고 방연은 가슴을 치며 통탄했다.

호위병들은 넋을 잃고 허둥대고 겁을 먹고 갈팡질팡할 뿐이었다.

이런 경우 영웅적인 기백이 있는 사람과, 혹은 충성심이 강한 사람과, 관료적인 사람과의 차이점이 가장 선명하게 드러난다.

기백과 충성심이 있는 사람은 자기 자신에 대한 생각은 하지 않는다. 오로지 전체를 위한 대책을 강구하고, 죽어야 할 것 같으면 죽는 것을 본분으로 알고 적진으로 뛰어들 것이며, 뒷일을 꾀해야 할 것 같으면 도망도 칠 수 있을 것이다.

그러나, 관료적인 인간은 그로 인해 자기의 운명이 어떻게 변할 것인가가 뭣보다 걱정이 되어 책임을 벗어날 구실만을 찾는다.

방연은 자신의 부귀영달을 위해 벼슬을 하는 관료적인 장군에 지나지 않았다. 위왕과 중신들이 이 비참한 패전을 어떻게 받아들일 것인가, 그로 인해 자신의 운명이 어떻게 될것인가, 먼저 가슴에 떠오르는 고민이었다.

이 패전 책임을 될 수 있는 한 가볍게 하기 위해, 위왕과 중신들이 충분히 납득할 수 있는 변명을 만들지 않으면 안 된다고 생각했다.

느닷없이 펄쩍 뛰며 투구를 벗어 땅에 던지고, 가슴을 치고 머리를 쥐어뜯고 발을 탕탕 구르며 외쳐댔다.

「방심이다! 방심이야! 이 무슨 방심이란 말인가! 내가 그 토록 거듭거듭 일러 두었는데도, 군령을 어기고 이런 실수를 저지르다니! 아아 이 무슨 일이냐!」

되풀이해 계속 외쳐댔다.

이것은 오로지 따라온 호위병들에게 들려 주기 위한 것이었다. 여기서 이들에게 이런 말을 들려 두면, 뒷날 책임을 묻게 되는 마당에서, 본영을 지키는 부장과, 적의 본영을 습격하기 위해 간 부장들에게 책임을 떼넘기는 수법을 쓸 바탕이 생긴다는 계산에서였다.

그러는 가운데 제나라 본영이 있는 곳의 함성은 가라앉았다. 끝내 불길은 오르지 않았다. 산기슭의 접전도 끝났다.

지금은 벌써 상당히 꺼져 가는 불빛 속에 손가마를 타고 나타나는 한 사람이 있었다.

갑옷과 투구는 쓰지 않고 선비옷과 선비의 갓에 깃부채를 들고 있다. 맞이하는 장병들의 태도가 참으로 공손했다.

방연은 그것이 빈이란 것을 알았다.

(놈이 직접 왔는가.)

분한 마음에 가슴이 떨렸다.

눈여겨보고 있노라니, 빈은 사로잡은 위나라 장교와 전사한 장교들을 모조리 끌고 오게 해서 점검했다. 그러더니, 이윽고 좌우로 돌아보며 깃부채를 들고 방연이 서 있는 산 위를 가리켰다. 보일 리가 없는 것은 뻔하지만 똑바로 자기를 가리키는 것만 같은 느낌이 들어 깜짝 놀랐다.

제나라 군사는 일제히 함성을 지르고 산을 향해 달려왔다. 방연의 모습이 포로들 속에도 보이지 않고 전사한 사람 속에도 보이지 않으므로 산을 뒤지라고 한 것이 틀림없었다.

두려운 생각이 확 치밀었다.

「따르라!」

하고 외치자 산등성이를 타고 북으로 향해 달아나기 시작했다.

먼 동이 희미하게 하늘에 번지는 무렵이었다.

새는 숲으로, 물고기는 물로

위나라 군사를 쳐부순 뒤에 제나라 군사는 한동안 대량을 계속 점령하고 있었다. 제나라 본국에서는 크게 위나라의 땅을 요구할 생각이었고, 전기도 이에 동의했다. 그러나 빈은,

「그건 좋지 않습니다. 땅을 빼앗는 것처럼 제후의 마음을 자극하는 것은 없습니다. 진나라는 국경을 맞대고 있는 나라가 아니므로 당장에는 일이 없겠지만, 초나라는 잠자코 있지 않을 것입니다. 반드시 우리 나라를 시기하여 뭔가 일을 꾸밀 것입니다. 얼마 안 되는 땅을 얻기 위해 사방을 적으로 만드는 것은 계산을 모르는 일입니다. 지금으로서는, 전부터 말썽이 되고 있던 국경 문제를 해

결하는 정도로 해두는 것이 좋겠습니다.」
하고 전기에게 간했다.

전기는 옳게 여기고 이를 본국에 전했다. 왕은 이에 동
의했다. 그래서, 말썽이 된 국경 문제를 이 쪽 주장대로
하게하고, 제나라 군사는 철수했다.

방연의 패전은 위나라 조정에서 당연히 문제가 되었
다. 그러나, 방연의 변명은 교묘했다. 또 그의 일당들이
변호하고 나섰다.

방연만한 장군은 달리 얻기 어렵고, 지금 같은 국제 정
세속에 방연을 잃는 것은 스스로 손발을 자르는 것과 같
다고 주장했으므로, 방연의 봉지를 약간 줄이는 형식적
인 처벌로 끝냈다.

이를 전해 들은 빈은,
「괜찮겠지. 그러나, 내가 살아 있는 한 끝내 놈을 괴롭
혀 주리라. 다음에 또 두고 보아라.」
하고 홍노에게 말했다.」

그러나, 별일 없이 10년이 흘렀다. 빈은 60살이 되었
다. 혈색이 좋고 살도 쪘으나, 머리와 수염이 눈처럼 하
애졌다. 조바심이 생겼다.

(몇 해 안에 어떻게 하지 않으면 때를 놓치는 것이 아
닐까?)

하는 생각이 언제나 가슴에서 떠나지 않았다.

　다시 2년이 지나자, 마침내 때가 왔다. 위나라가 조나라와 손을 잡고 한나라로 쳐들어 가 도읍 신정(新鄭)을 공격한 것이다. 12년 전에 위나라의 공격을 받아 나라가 위험했던 조나라가 위나라와 손을 잡고 한나라로 쳐들어온 것이다. 그 때의 열국 관계의 미묘한 면이었지만, 이유가 없는 것은 아니었다.

　한나라는 몇 해 전부터 신불해(申不害)라는 인물을 재상에 등용하여 크게 국력이 커졌으므로, 두 나라가 이를 시기한 것이다. 본디 조·위·한의 세 나라는 춘추시대의 진나라가 나뉘어 생긴 나라다. 같은 뿌리에서 나온 것이다. 그런만큼 시기하는 마음도 강했다. 신불해는 정(鄭)나라에서 태어난 비천한 사람이었다. 그가 받드는 학문은 노자의 학설을 토대로 한 형명학(形名學)이었고, 위앙(衛鞅)과 같은 정치술이었다.

　그런데, 한나라는 제나라에 구원을 청했다.

　제나라에서는 두 해 전에 위왕이 죽었다. 아들 선왕(宣王)이 즉위해 있었다. 선왕은 결정을 내리지 못하고 고민 하다가 마침내 한나라의 청을 들어 출병하기로 했다. 그 일을 〈전국책〉은 다음과 같이 쓰고 있다.

　제나라 재상 추기는 일찍부터 장군 전기와 사이가 나

빠, 항상 서로 배척했다. 추기의 문하생이었던 공손간
(公孫間)은 지모가 뛰어난 사람이었는데, 추기에게 말했
다.

「재상께선 대왕님께 말씀드려 구원병을 보내게 하고,
장군에는 전기를 추천하십시오. 싸움에서 지면 전기는
전사하게 될 것입니다. 죽지 않더라도, 패전 책임을 물
어 죽일 수 있습니다. 만일, 또 이기게 되면, 장군으로
전기를 추천한 것은 재상이므로 재상의 공이 됩니다. 결
국 지든 이기든 재상께 이롭습니다.」

「좋다」

하고, 추기는 왕에게 출병을 권했다.

그러나, 이런 일이 없더라도 빈이 왕의 군사로 있으므
로 출병을 권했을 것이다.

하여서, 전기를 장군으로 하는 구원병을 보내기로 결
정했다. 빈이 또 군사가 되어 종군할 것도 결정되었다.

출전이 가까운 어느날 밤, 빈은 홍노에게 이렇게 말했
다.

「어쩌면 나는 이번엔 빠르게는 귀국하지 않을지도 모
른다.」

「무슨 말씀입니까?」

하고 홍노는 얼굴색이 변했다.

빈은 웃었다.

「전사한다는 뜻은 아니다. 걱정할 것 없다. 돌아오는 것이 늦을 뿐이다. 자세히 말할 수 없지만, 그렇게 될지 모른다. 그 때는 이 옥결(玉玦)을 사람을 시켜 네게 전하겠다. 그러면, 너는 나의 고향으로 가라. 아우들에게도 일러둘 것이니 잘 보살펴 줄 것이다. 이윽고, 내가 자리가 잡히면 맞이할 사람을 보내겠다.」

「알겠습니다. 하지만, 정말로 그렇게 되나요?」

「만일의 경우에 대비하는 것일 뿐이다.」

손빈은 출전했다.

빈이 대량을 공격할 것을 주장하여 그렇게 하기로 결정되었지만, 잠시 황하 근처에 머무른 채 나아가지 않았다.

방연은 한나라를 공격하기 위해 신정에 있었는데, 본국에서 태자 신(申)이 장군이 되어 급히 달려왔다. 이것은 방연의 청에 따른 것이었다. 빈을 두려워한 그는 태자를 받들어서, 만일의 경우, 패전의 책임을 회피하려 했던 것이었다.

이 태자 신이 출전 한 때의 일이 〈전국책〉에 다음과 같이 전한다.

신이 출전한다는 소문이 나자, 어느 사람이, 신의 이복동생 이(理)의 스승을 찾아가 말했다.

「태자가 출정하신다는데, 어째서 당신은 공자 이를 시켜 태자의 어머님께 가서, 태자를 출정시키지 말라고 울며 설득하게 하지 않습니까? 이번 싸움은 크게 패합니다. 적장 전기는 노련한 장수 인데다가 손빈이란 병법가가 따르고 있습니다. 그런데, 태자는 나이 어리고 전쟁 경험이 없습니다. 그러니, 그것을 말하여, 모후로 하여금 왕을 설득하게 하셔야 합니다. 만일, 왕이 그 말을 받아들여 태자를 출정시키지 않게 되면, 태자는 공자를 고맙게 여겨 반드시 당신을 후하게 대할 것입니다. 만일, 받아들여지지 않으면 태자는 반드시 전사합니다. 그러면, 새 태자를 세우게 될 터인데, 공자의 예언이 맞았다. 하여 왕은 공자를 현명하게 여길 것이고, 왕후는 공자의 우애가 깊은 것에 감동하고 있으므로, 여러 공자 가운데서 반드시 이 공자를 태자로 삼을 것입니다.」

공자 이의 스승은 이 꾀를 받아들여 이에게 그렇게 하도록 시켰으나 왕이 듣지 않았다.

태자 신은 안읍을 떠나 한나라로 가서, 방연의 마중을 받고, 송나라를 거쳐 제나라로 향했다. 그런데, 송나라 외황(外黃)을 지났을 때, 외황 사람 서자(徐子)가 태자의 숙사를 찾아와 말했다.

「소인에게 백전백승의 술이 있는데, 들으시겠습니까?」

「듣고 싶소」

「태자께선 장군이 되어 제나라를 치려 하시는데, 태자께선 전쟁을 하지 않더라도, 이윽고 위나라 대왕이 되실 것입니다. 그러나, 만일 싸워서 이기지 못하면 어떻게 되겠읍니까? 잘못하면 위험한 변을 당하게 되실 것이며, 아니면 패전한 책임을 물어 태자의 자리에서 밀려나게 될지 모릅니다. 소인이 말하는 백전백승의 술이란 바로 이것입니다.」

태자는 감탄했다.

「과연 그대의 말대로다. 그대의 말에 따라 나는 귀국하겠다.」

라고 했다.

그러자, 서자는 고개를 저었다.

「그렇게 되면 다행이겠읍니다만, 벌써 그렇게 할 수는 없는 지경에 이르렀습니다. 왜냐하면, 태자를 따라 전공을 세우려 하는 사람이 많으므로, 태자께서 귀국하시겠다고 해도 듣지 않을 것이기 때문이다.」

「그럴 리가 없다. 내 말을 거역할 사람은 없다.」

하고 태자는 수레에 올라,

「귀국하겠으니 수레를 돌려라.」

하고 마부에게 말했다. 그러나 마부는,

「장군으로서 명령을 받고 출정하셨는데, 도중에서 돌아가는 것은, 싸움을 앞두고 도망치는 것과 같습니다. 그것은 안 됩니다.」

하고 채찍을 들어 말을 몰아 나아갔다.

방연은 제나라 군대를 도중에서 막으려고 급히 서둘렀다.

한편, 빈은 첩자의 보고에 따라, 위나라 군이 급히 진격해 온다는 것을 알고 행동을 개시했다. 위나라 군이 나아오는 방향을 돌아 조나라로 들어갔다. 조나라로 들어가자 전기에게 말했다.

「위나라 군사는 사납고 죽음을 두려워하지 않는 성격이므로, 늘 우리 제나라 군사를 겁이 많고 약한 것으로 얕보고 있습니다. 그러니, 이것을 이용해야 합니다.」

「어떻게?」

「우리 군사를 업신여기게 만들어, 교만하게 만드는 것입니다.」

하고, 첫 숙영지에는 가마 수를 10만을 만들게 하고, 다음 숙영지에는 5만을 만들게 하고, 사흘째에는 3만을 만들게 하는 식으로 차츰 그 수를 줄이며 갔다.

방연은 마침내 제나라 군사의 행로를 알아내고, 이를 뒤따라갔는데, 날마다 가마 수가 줄고 있는 것을 알자 태자 신을 불러 이를 보였다.

「보십시오. 제나라 군사가 얼마나 겁이 많은지. 가마수가 매일 이렇게 줄고 있지 않습니까. 적지로 들어온지 사흘만에 병졸들은 겁을 먹고 반 이상이나 도망쳤습니다. 급히 뒤쫓아 단숨에 짓밟아 버리기는 문제없습니다.」

하고 보병을 버리고, 기병만으로 서둘러 급히 추격했다.

빈은 이번에야말로 방연을 없애 버릴 결심을 하고 있었다. 항상 밀정을 주위에 풀어 놓아 우리나라 군의 상황을 자세히 조사하면서 유유히 진군했다. 위나라 군이 얼마 되지 않는 기병만으로 급히 추격해 온다는 것을 알자, 전기에게 말했다.

「적은 우리의 바늘에 걸린 것 같습니다. 결전은 내일 저녁 해질 무렵 마릉(馬陵)에서 하기로 하지요.」

이렇게 말하고 더욱 나아가 마릉으로 갔다. 위군의 행군 속도로 계산하면 마침 그 무렵에 마릉에 도착하게 된다.

마릉은 산을 따라 나 있는 가파른 길로 좁고 발 디딜 곳이 마땅치 않으며, 가까이에는 나무가 우거진 험한 곳이 많아 군사들을 매복시키기에 좋은 지세였다.

빈은 수레에서 가마로 옮겨 타고 지세를 두루 돌아보았는데, 이윽고 고개를 끄덕이고 길바닥의 큰 나무줄기

를 깎게 하고 굵은 글씨로,

〈방연, 이 나무 밑에서 죽다. (龐涓死干此樹之下)〉

라는 여덟 글자를 크게 쓰고 사수 1만 명을 골라 노(弩)를 들려서 길 좌우에 매복시켰다.

「오늘 해질 무렵, 이 나무 밑에 횃불이 켜질 것이다. 그것을 보거든 일제히 활을 쏘아라.」

하고 단단히 일렀다.

황혼 무렵, 위나라의 기병군은 마릉에 이르렀다. 병사 중에서, 큰 나무가 껍질이 깎여 있고 글자 같은 것이 씌어있는 것을 알아차린 자가 있어, 방연에게 보고 했다.

방연은 말에서 내려 횃불을 켜게 하고, 가까이 다가가 불을 들어 자세히 보았다. 한눈에 읽고 등골이 오싹했다. 이때였다. 길 양편에서 1만 개의 화살이 일제히 날아왔다.

비명을 지를 사이도 없었다. 방연은 온몸에 고슴도치처럼 화살이 꽂혀 쓰러졌다.

그와 함께 함성이 들리면서 제나라 군사가 일시에 일어났다.

정평있는 정예부대가 삽시에 흩어졌다. 싸울 기력이 없었다. 오로지 달아나려고 조바심했다. 제나라 군사는 더욱 활을 쏘고, 기세를 돋구어 위나라 군을 섬멸했다.

이 난리 속에서 방연은,

「저 다리 없는 자에게 마침내 당했구나!」

라고 혼잣말을 하고, 스스로 목을 찔러 죽었다.」

태자 신은 포로가 되었다. 이것은 〈사기〉 열전에 전하는 것이고, 〈전국책〉에서는 전사한 것으로 되어 있다.

크게 승리를 얻은 뒤, 제나라 군사는 얼마 동안 머물러 있었는데, 어느 날 빈은 전기에게 말했다.

「각하께 한 가지 큰일을 권하고 싶습니다만, 어떻겠습니까?」

「큰일 ? 어떤 일인가?」

「우리는 이제 곧 개선하겠는데, 각하께선 전부터 추기와 화합하지 못하십니다. 각하께선 승전장군으로서 개선하는 것이니, 추기는 투기심이 도발되어 더욱더 각하를 미워하게 될 것입니다. 그는 왕의 총애를 받고 있으므로 각하를 위해 좋으리라고 여겨지지 않습니다.」

「그럴테지. 경에게 어떤 계책이 있으면 말해 주게.」

「있습니다. 우선 이 병사들을 해산하지 마시고 더욱더 굳게 통제하여 나라로 들어가십시오. 다음에 늙고 약한 병사들에게 주(主)를 지키게 합니다. 주는 길이 좁고 수레가 엇갈릴 때 바퀴의 쐐기가 서로 부딪칠 만큼의 요해지(要害地)이므로 군사 하나로 열을당하며, 백으로 천을 당할 수 있습니다. 늙고 약한 군사로도 충분히 지킬 수 있습니다. 이와같이 하여 본거를 튼튼히 해놓고 정예로서 임치로 가는 것입니다. 그렇게 하면, 대왕께선 예를 바로하여 각하를 맞으실 것이고, 추기는 그대로 있을 수 없어 다른 나라로 달아날 것입니다.」

과감한 계책이다. 모반이랄 정도였다. 전기는 안색이 변하여 고개를 저었다.

「각하께서 이 계책을 쓰지 않으신다면, 멀지 않아, 각하 자신께서 나라에 머물러 계실 수 없게 됩니다. 그래도 괜찮습니까?」

빈은 거듭 충고했지만, 전기는 끝내 듣지 않았다.

빈은 탄식했다.

「그렇습니까? 하는 수 없습니다.」

전기와 빈은 임치로 개선했다.

두 사람에 대한 선왕의 신임은 참으로 깊었다 .중신들도 또한 존경했다. 빈이 전기를 위해 근심했던 일 따위는 있을 것 같지도 않았다.

전기는 아무도 모르게 빈에게 말했다.

「군사는 나를 위해 걱정해 주었지만 별다른 일은 없을 것 같네.」

「다행입니다. 소인의 기우였습니다.」

　빈은 이렇게 대답했다.

　그 뒤, 곧 빈은 벼슬을 그만두고 고향으로 돌아가 편히 지내고 싶다고, 왕에게 청했다. 선왕도 만류했고, 전기와 다른 사람들도 모두 말렸다. 그러나, 빈은 듣지 않았다.

「신은 본디 초야에 묻힌 서인(庶人)입니다. 초야에 묻혀 초목과 함께 살고, 초목과 더불어 시들기를 바랬는데, 뜻밖에도 왕의 돌보심을 얻어 군사(軍師)가 되어, 배운 바를 당세에 베풀 수 있었습니다. 더없는 영광입니다. 본디 그 자리에 태어나지 못한 자가 오래 높은 자리에 있는 것은 상서롭지 못합니다. 새는 숲에서 놀아야 하고, 물고기는 물에서 놀아야 합니다. 늙은 몸이 되었는데, 더 이상 자리에 앉아 무엇을 할 수 있겠습니까. 신의 간절한 소원을 허락해 주시어 초야로 돌아가게 해 주십시오.」

　손빈은 굳이 간청하여 마침내 허락을 얻었다.

　선왕은 빈을 위해 성대한 송별연을 열었다. 떠나는 날에는 중신과 벼슬아치들이 교외까지 따라 나와 배웅했다.

　빈은 훌륭한 사두마차를 타고 떠났는데, 다음 머물 여관에 도착하자, 거기에 기다리고 있던 홍노와 함께, 두 필 말이 끄는 초라한 마차로 옮겨 타고, 시종들에게는 뒤에 오라고 이르고, 홍노에게 고삐를 잡게 하여 고향으로 향했다.

춘삼월 제수 기슭에는 갈대가 싹트고 버들가지가 파르
스름하게 물이 올랐으며, 들에는 온갖 꽃이 얽혀 피었다.

마차는 그 둑 위를 덜컹덜컹거리며 차츰 멀어져 갔다.

빈이 동생들이며 그 가족들의 영접을 받으며 고향 집
으로 돌아온 지 얼마 되지 않아, 전기는 제나라에서 달
아나 초나라로 갔다. 추기에게 쫓겨난 것이다.

빈이 일찍이 걱정했던데로 추기는 전기를 시샘하여 배
척할 기회를 엿보고 있었으나, 선왕이 전기에 대해 신임
이 두터우므로 어떻게도 할 수 없었다. 공손간에게 의논
했다.

「그런 것쯤 아무것도 아닙니다. 맡겨 주십시오.」

라고 말하고 간은 추기 앞에서 물러나왔는데 자기의 하
인에게 황근 10금을 내주고 어떤 계책을 귓가에 대고 소
곤거렸다.

하인은 고개를 끄덕이고 시중의 점장이 집으로 갔다.

「나는 전기장군댁 사람이다. 당신도 아는 바와 같이 장
군은 싸울 때마다 이겨 그 명성이 천하에 널리 알려져
있다. 그래서, 한 가지 큰일을 하려고 생각하신다. 당신
의 점은 희한한 효험이 있다고 세상에서 평판이 나 있어
장군께서 일부러 나를 보내시었다. 어디 장군을 위해 그

큰일이 성취되겠는지 점을 쳐주기 바란다.」

라고 말하며 10금을 내놓았다.

점장이는 산가지를 비비며 점을 쳤다. 길하다고 했는지 흉하다고 했는지 그것은 전해지지 않았으나, 아무튼 점을 친 결과에 대해 이야기했다. 하인은 고맙다고 인사하고 갔다.

그 뒤, 점장이의 집에 병사들이 들이닥쳐 점장이를 잡아다 엄하게 고문했다. 점장이는, 전기장군이 보낸 사람의 부탁으로 점을 쳤노라고 자백했다.

전기는 혐의를 받았지만, 해명할 길이 없었다. 마침내 초나라로 달아난 것이었다.

빈의 귀에 이 이야기가 들린 것은 퍽 여러 날이 지난 뒤였다.

「허어! 허어!」

빈은 이렇게 말할 뿐이었다.

그로부터 얼마 뒤 진(秦)나라 위앙(衛鞅)이 장수가 되어 위(魏)나라를 격파하고 더욱더 압박했으므로 위나라가 도성을 안읍에서 대량으로 옮긴 일이며, 위왕이 상(商)과 어(於)의 땅을 내주어 상군(商君)이라는 칭호를 얻게 되었다는 이야기도 들려왔다.

그러나, 이 때에도 빈은,

「허어! 허어!」

할 뿐이었다.

이 다음다음해, 다시 말해서 빈이 고향에 틀어박힌 뒤, 3년째 되는 해 진나라 효공(孝公)이 세상을 떠나고 태자인 혜문왕(惠文王)이 왕위에 올랐다. 위앙(衛鞅)은 혜문왕의 측근의 미움을 받은 일이 있었다. 옛날 앙을 효공이 쓰기 시작했을 무렵, 혜문왕이 법에 저촉되는 잘못을 저질렀다. 앙은,

「법이 행해지지 않는 것은 윗자리의 자가 법을 가벼이 여기기 때문이다. 상위자라도 허물을 관대히 해서는 안된다. 그러나, 태자를 죄 줄 수는 없는 일이다. 태자의 잘못을 미리 바로잡을 수 없었던 측근들의 책임을 추궁해야 한다.」

이렇게 말하고 태자의 측근인 공족들을 처벌하여 문신(文身)에 처할 것을 주장했다.

법에 의해 모든 일을 엄하게 다스려 나간다는 것이 앙의 정술(政術)의 근본이다. 이것을 무너뜨려서는 그 정술은 성립되지 않는다. 모처럼 쓰이기 시작한 무렵이다. 앙으로서는 강하게 주장하지 않을 수 없었을 것이다.

그 때에는 효공도 새로운 정치 방식에 의해 국력을 증강하려고 분발했었다. 앙의 주장이 받아들여져 형이 집

행되었다. 사람들은 억울했지만 어쩔 수 없어 단념했다.

　그러나, 이제 효공이 죽고 혜문왕의 시대가 되었다. 사
람들은 일제히 들고 일어나, 혜문왕에게 위앙에 대한 갖
가지 참소를 했다. 마침내,

「앙은 모반을 꾀하고 있습니다.」

라고 말했다.

　혜문왕도 앙에게 호의를 갖지 않았다. 현대에도 회사
사장을 바꿀 때에는 있음직한 일이나, 군주 독재 시대에
는 전대에 세력 있던 권신(權臣)은 다음 대의 군주의 마
음에는 들지 않는 것이 보통이었다.

　앙은 신변의 위험을 느끼고 다른 나라로 망명하려고
도성에서 도망쳐 국경까지 갔으나, 관소(關所)의 여인숙
에서,

「상군께서 제정하신 법률로 여찰(旅札)없는 사람은 머
물게 해서는 안 됩니다. 위반하면 저희들은 목숨을 잃게
됩니다.」

하고, 머물게 해 주지 않았다. 앙은,

「이제까지에 없던 새로운 법을 만든 업보다.」

하며 크게 슬퍼했다. 앙은 마침내 진나라에 잡혀서 차열
형(車裂刑)에 처해졌다.

　엄밀한 의미로는 법률은 필요악이다. 될 수록 적은 것

이 좋다.

위앙은 아득한 옛날 사람이므로, 이 개탄이 이런 명확한 생각에서 나온 것이 아니었겠지만, 법률이 백성의 걱정거리가 되는 것이며, 따라서 될 수록 귀찮은 일이 없고, 될 수록 적은 것이 좋다는 생각은 있었을 터이므로, 스스로의 영달을 위해 번잡한 새 법을 만들어 백성들을 괴롭힌 일에 대한 회한은 있었을 것이다.

위앙의 이야기는 대단한 소문이 되어 제나라에도 전해졌다. 빈은 홍노의 시중을 받으면서 아침을 들다가 동생들로부터 이 이야기를 들었지만, 전혀 안색이 달라지지 않았다.

「허! 그러냐.」

이렇게 말하고, 익숙한 손놀림으로 돼지고기를 뜯어 먹으며,

「아주 맛있다. 너희들도 먹으렴.」하고 동생들에게 말했다.

빈이 언제 죽었는지는 분명하지 않다.

귀곡문하(鬼谷門下)

귀곡선생(鬼谷先生)은 경력이 확실치 않은 인물이다. 그 이름도 그가 살았던 지명을 딴 것이었다.

본래의 성도 이름도 알 수 없다.

〈사기〉의 주(注)를 보면 부풍지양(扶風池陽)과 영천양성(潁川陽城)의 두 지방에도 귀곡이라는 곳이 있다고 한다. 또한, 호북성 원안현이나 호남성 대용현에도 귀곡선생이 살고 있었던 장소가 있다하니 그의 이름은 고사하고 주거지도 분명치 않다.

전하는 이야기에 의하면 귀곡선생은 수백 세의 장수를 했다고 한다. 그러나 다만 전설에 불과하다.

당시의 학교에서는 선생이 장막 뒤에서 가르쳤다. 또

한 일반 학생에게는 고참 제자가 선생을 대신해서 가르쳤다.

귀곡선생의 제자는 첫째 소진(蘇秦), 둘째 장의(張儀)가 있었다. 강의는 대체로 이 두 사람이 맡았다.

소진은 학업을 끝내자 입신의 길을 찾아 여러 나라를 돌아다녔다.

장의는 소진의 후배이지만 재능은 훨씬 뛰어났다.

「나를 위해 이 곳에 남아 있게. 멀지 않아 나는, 강의는 고사하고 남의 이야기를 들을 기력도 없어지고 말거야.......」

귀곡선생의 부탁대로 장의는 학사(學舍)에 머물기로 했다.

젊었을 때 귀곡선생은 이곳저곳을 여행하여 견문을 넓히고 학문을 닦았다. 늙어서는 상인이나 예능인 등 여러 곳을 여행하는 자에게 비용을 주고, 그들이 돌아오면 이야기를 들었다. 이야기를 하는 당사자는 다만 여행담이었지만, 귀곡선생은 그 이야기 속에 숨겨져 있는 뜻을 찾아내어 분석하고, 다른 자료와 연결지어 음미했던 것이다.

장의는 수 년간 귀곡선생을 대신하여 강의를 맡았다. 그동안 선배인 소진은 두 번 학사에 들러 귀곡선생의 가르침을 받기도 했다.

소진은 낙양 사람이었다. 우선 고국인 주의 현(顯)왕에게서 부름을 받고자 했으나 실패했다.

주의 왕실은 이름뿐이고 아무런 실권도 없으면서 자존심만 높았다. 가문이나 경력을 까다롭게 따졌다. 소진은 비천한 출신이므로 주왕의 측근은 그를 무시하고 상대하지 않았다.

소진은 진(秦)으로 갔다.

그 때의 진나라는 극도로 외국인을 경계하고 있었던 때이므로, 그의 등용은 이루어지지 않았다.

생각 끝에 옛 스승에게 조언을 청했다.

「조를 설득할 수 있겠지만 재상인 봉양군(奉陽君)은 아무래도 너와 맞을 것 같지 않다. 연(燕)으로 가서 조와의 동맹을 추진하는 것이 좋을 것 같다.」

귀곡선생은 그렇게 조언을 했다.

소진은 스승의 말에 따라 연의 문후(文候)에게로 가서 그 곳에서 일자리를 얻었다.

「이 곳은 참으로 천부(天府)입니다.」

소진은 어디로 가서나 그렇게 말을 했다.

〈천부〉라는 것은 천연의 요새에 둘러싸이고, 물자가 풍부한 혜택받은 땅이라는 뜻이다.

유세가(遊說家)의 취직운동은 요컨대, 〈이 나라를 훌륭하게 만들어 드리겠습니다.〉하고 말해야지, 〈이 나라의 제도는 잘못되어 있습니다〉라고 비난해서는 안 된다.

소진은 열심히 그 고향을 칭찬한 후에,

「이처럼 천부의 고장이지만 심히 유감스러운 것은….」

하고 개혁해야 할 점을 지적하고, 그것을 개혁해야 하는데는 자기의 재능이 필요하다고 설득했다.

연(燕)의 문후(文侯)를 설득할 때에도,

「이 나라는 동으로 고구려(高句麗), 북으로 임호(林胡)·누번(樓煩), 서로 운중(雲中)·구원(九原)이 있고, 북에 역수(易水)가 흐르고 땅은 넓으며 힘은 강대하고 수 년을 지탱할 수 있는 군량이 있습니다. 그리고, 이 나라만큼 전쟁이 적은 나라는 없습니다. 그 이유는 조가 방벽이 되어 진의 내습을 막기 때문입니다. 진이 이 나라를 공격하려면 천 리 밖에서 싸워야 하지만, 조가 그 연을 공격하려면 불과 백 리입니다. 군사를 동원해서 반나절도 되지 않아 수십만의 군사로 이 나라를 공격할 수 있습니다.」

이런 말로서 문후를 설득했다.

우선 치켜 올리지만, 이 상태가 언제까지나 계속되지

는 못할 것이라고 겁을 준 것이다.

연이 당장 해야 할 일은 조와의 화친을 맺는 것이라는 사실을 뚜렷하게 해놓고, 그 일에는 자기가 필요하다고 설득한 것이다.

문후는 소진의 이야기를 듣고 귀가 솔깃해져 그를 등용하기로 했다.

진은 날로 부강해져 7국 중에서 점차 강대국이 되었다.

연·조·위·한·제·초의 6개국을 종으로 연합하여 강대국인 진과 대항하는 것이었다.

이것을 합종(合從)이라고 했다.

(나의 희망은 고작 한 나라의 재상이 되는 그런 시시한 것이 아니다.)

그는 자신을 향해 중얼거렸다. 그의 야망은 누구에게도 말할 수 없는 것이었다.

(나는 오기처럼 한 나라의 재상이 되는 것으로 만족할 수 없다. 그렇다면 6국의 재상을 겸하는 것인가? 그것으로 만족할 수 없다. 그러나, 우선 목표는 거기에 있다. 6국의 재상만으로 나의 꿈이 이루어지는 것은 아니다.)

소진은 마음 속으로 자문자답했다.

합종에 의해 6국을 하나로 하여 그 재상이 되는 목적은 무엇인가? 강대국인 진을 쓰러뜨리는 것이다. 그렇다면

쓰러뜨린 다음은? 6국에 의한 천하통일로 정해졌다. 그
럼, 통일한 자는 한 사람이어야만 한다.

5백 년 동안 분열되어 있는 중국을 통일하는 일이야 말
로 지금까지와는 다른 영웅을 위해 남겨진 대 사업인 것
이다.

(무력이 아니라 지력(知力)으로 그 일을 하자.…)

이런 생각을 하니, 소진은 마음이 들뜨고 눈이 어지러
워지는 것 같았다. 지금은 그 시작이다.

연의 문후에게 인정을 받고 연의 사절로서 조로 향한
다. 연·조의 동맹은 6국 합종의 시작이다. 두 나라의 화
친을 이루지 못한다면 6국을 묶을 수 있겠는가.

일생일대의 사업이었다.

소진에게 다행스러운 일은, 귀곡선생이 그와 맞지 않
을 것이라고 했던 조의 봉양군이 이미 죽은 것이다.

소진은 조의 수도 한단으로 가서 숙후(肅侯)를 설득했
다.

「진은 날로 강해지고 섬서의 땅에서 동쪽을 엿보며 중
원 진출을 꾀하고 있습니다. 진은 한 나라씩 공격하여
여러 나라를 굴복시키려는 것입니다. 진이 아무리 강성
하지만 여섯 나라가 합친다면 당해낼 수 있겠습니까? 불
길한 말씀을 용서해 주십시오. 한 나라씩 대항해 나간다

면, 그것을 진이 바라는 바가 아니겠습니까? 진을 막으려면 여러 나라가 힘을 합하는 길밖에 없습니다. 그러니, 우선 역사적으로도 지금까지 그렇게 문제가 없었던 이 조와 북쪽인 연 두 나라의 동맹을 받아들여 주십사하는 것입니다. 조·연의 동맹이 이루어지면 아무리 광폭한 진이라도 우리 두 나라는 공격하지 못합니다.」

출발이 중요하다. 소진은 이론 정연하게 논했다.

「그렇지!」

조의 숙후는 감탄을 하며 말했다.

「연과 동맹을 맺는다면, 진이 우리나라를 공격하지 못할 것이라는 말이군.」

「틀림없습니다.」

소진은 단언했다.

조·연 두 나라의 동맹으로 진의 침공을 방지할 수 있을지는 소진 자신도 확신할 수 없었다. 중원의 나라와 초가 손을 잡고 있다면, 동쪽을 공격하는 동안 남쪽에서 공격당할 염려가 있다. 이런 협격 가능의 위치에 있는 두 나라의 동맹은 무섭지만, 조·연처럼 한편에 몰려 있는 두 나라의 동맹은 진으로서는 두려울 것이 없었다.

진이 위를 공격했다.

위는 조의 서쪽에 인접한 나라이다. 한창 뻗어나는 진

의 세력을 당할 수 없다.

(제발 조를 공격하지 않았으면.......)

소진은 하늘에 빌고 싶은 심정이었다.

조·연 동맹이 이룩되면, 진은 조를 공격하지 않을 것이라고, 소진은 조왕에게 장담했던 것이다.

만일, 진이 위를 공격한 여세를 몰아, 계속 동진하여 조에게로 군사를 돌린다면, 소진은 조왕에게 거짓말을 한 셈이 된다.

소진은 귀곡선생에게서 배운 정보수집의 방법을 사용해서 진의 수뇌부의 의향을 탐지했다.

그런데, 수집한 정보를 종합한 결과 진이 위를 격파한 후, 계속해서 동쪽으로 군사를 진출시킬 계획인 것을 알았다.

어떻게 대처해야 할까?

좋은 묘책이 떠오르지 않고, 대신 그의 머리에 떠오르는 것은 귀곡선생이었다.

(선생님의 가르침을 받자.)

소진은 한단에서 낙양의 남쪽으로 향했다. 귀곡선생이 하남에 거주하고 있을 시기였기 때문이다. 귀곡선생의 학사는 옛날과 변함없었다.

「장의는 변함없이 대강(代講)을 하고 있는가?」

소진은 자기보다 뛰어난 재능을 가진 장의를 생각하고, 어느 학생에게 물었다.

「아니오. 장의는 1년 전에 이 곳을 떠나셨습니다.」

학생은 머리를 저었다.

「그렇다면 곤란하지 않은가?」

「요즘에 귀곡선생께서 강의하십니다.」

「그래, 그렇다면 더욱 잘됐군. 연로하신데 건강하셔서 다행이군.」

조언을 얻으려고 찾아왔는데, 선생이 늙어 기력이 없으면 곤란한 일이었다.

소진은 귀곡선생을 만났다.

(늙으셨구나.)

그것이 첫인상이었다.

「몸은 늙었지만 머리는 점점 맑아진다. 안심해라.」

귀곡선생은 이렇게 말했다.

「건강하셔서 무엇보다도 다행입니다.」

「장의란 놈이 떠나 버려서 내가 강의를 한다. 오늘 아침에도 천문(天文)을 강의하여 목이 잠긴 것 같다.」

「수고가 많으십니다.」

「진이 위를 공격한 다음이 걱정되겠군?」

하고 귀곡선생은 정확하게 소진의 방문 목적을 알아 맞

혔다.

역시 몸은 늙었어도 머리는 날카로왔다.

「어떻게 했으면 좋을지 묘안이 서지 않습니다.」

「가장 이상적인 상태를 생각하는 것이다.」

「어떠한 상태를?」

「진군 정지. 전군 귀환.… 본국에서 진병들에게 그런 명령을 하는 것이겠지.」

「물론 그것이 이상적이긴 합니다만….」

「진의 중앙을 움직이면 간단하지.」

귀곡선생은 아무 일도 아니라는 듯이 말했다.

「쉽게 말씀하시지만….」

소진은 내심 걱정스러웠다. 맑은 것 같은 정신이지만 역시 늙은 느낌을 받은 것이다.

「너는 할 수 없느냐?」

「저는 한 번 진에게 거부당했습니다. 저로서는 진으로 갈 수도 없습니다. 더욱이, 진의 수뇌부를 움직인다는 것은….」

「네가 할 수 없으면 딴 사람에게 시키면 될 것이 아닌가?」

「다른 사람? 그것은 곤란한 일입니다.」

「너 이외는 그 일을 할 만한 자가 없다는 말이냐? 일찍

이 이 학사에 너보다 뛰어난 학생이 없었던가?」

「장의?」

「그렇지. 장의를 쓰면 좋겠지.」

「그렇지만 어떻게?」

「장의를 쓰는 일은 어렵지만, 너라면 비책을 가지고 그를 움직일 수 있을 텐데.......」

「제발 가르쳐 주십시오.」

소진은 가까이 다가앉으며 물었다.

「하하하!」

장막 저 쪽에서 귀곡선생은 쉰 목소리로 웃었다.

「말씀대로 장의는 간단하게 쓸 수 있는 인물이 아닙니다. 더욱이 현재는 불우하다고 듣고 있습니다. 그러니, 어렵지 않겠습니까?」

소진이 물었다.

「너로서는 장의를 쓸 수 있는 방법이 있을 것이다. 만일 장의가 때를 얻었다면 도저히 접근할 수 없을 것이 아닌가?」

귀곡선생은 긴 눈썹 밑에서 번쩍하고 눈을 빛냈다.

장의는 불우했지만 자신을 잃은 것은 아니었다. 그의 태도에 대해서는 유명한 일화가 있다.

유세를 돌았지만 어디서도 취직을 못하고, 한 번은 초

의 재상에게서 잠시 식객노릇을 했다.

그런데, 그 재상 집에서 귀중하게 간직하고 있던 옥을 분실했다. 아무것도 모르는 가난한 식객인 장의는 절도의 혐의를 받고 수백 대의 매를 맞으면서도 굽히지 않았다.

몸 전체가 멍이 들고, 군데군데 피부가 터져 피가 흘렀다. 장의의 아내는 울면서 말했다.

「쓸데없는 공부를 했기 때문에 이런 고초를 당한거예요.」

그러자, 장의는 혓바닥을 내밀고 말했다.

「보시오. 내 혀가 있소?」

「있어요. 혀가 있으니까 말을 할 수 있는 것이 아녜요.」

「됐소. 혀만 있으면 걱정할 것 없소.」

장의는 두뇌와 변설이 무기이다. 그 무기만 건재하면 몸에 멍든 것쯤은 문제가 아니라는 것이었다. 자기 재능에 대한 자신 때문에 이런 역경에 처해도 조금도 좌절하지 않는 것이다.

「우선 내가 장의에게 연락을 취해서, 너에게 가라고 하겠다.」

귀곡선생이 말했다.

「저한테로 올까요?」

「내 말이라면 듣겠지.」

「장의가 찾아오면 어떻게 해야 되겠습니까?」

「모욕을 주어라. 그 방법까지 자세히 가르쳐 줄 필요는 없겠지. 아무튼, 너를 만나러 와도 곧 만나서는 안 된다. 잠시 동안 애태운 다음, 생각난 듯이 만나고 마음껏 모욕을 주어라.」

「그렇다면 장의는?」

「너에게 모욕을 당하면, 장의 녀석은 화를 내지 않을 수 없을 것이다. 좋다. 소진, 두고 보자. 그렇게 생각할 것이다. 그래서, 그는 진으로 갈 것이다.」

「진으로 갈까요?」

「물론. 가지 않을 수 없지.」

「왜 그렇습니까?」

「네가 조의 재상을 겸하고 있으니, 너에게 복수할 생각이라면 조의 적이 되는 곳, 당연히 진으로 갈 수밖에 없다.」

「그렇군요!」

「그렇다.......」

과연 이름 높은 스승과 제자이다.

몇 마디 주고 받은 말 속에 서로 심중을 전하고 받아들인 것이다.

(장의는 화가 나면 진으로 갈 것이다.)

유력자를 만나기 위한 자금에 대해서는 천천히 생각하기로 하고….

소진은 심복에게 장의의 뒤를 은밀히 따르게 한다. 동숙을 해서 대화를 나누다가, 장의의 재능에 반한 것처럼 한다.

〈당신을 위해서라면 돈은 얼마든지 내겠습니다. 재능을 묻어 두면 안 됩니다. 천하를 위해 당신의 뒷바라지를 하겠습니다.〉

이렇게 말하게 하는 것이다.

그 사나이가 제공한 자금으로 장의는 쉽게 진의 국정에 참여할 수 있는 지위까지 승진된다. 물론 자금은 출세의 발판에 불과하다. 장의의 재능은 발판만 얻으면 찬란히 빛나는 것이다.

어느날, 그렇게 보살펴 주던 사나이가 일이 끝났다고 하면서 집을 떠나려고 할 때 장의는,

「나를 위해 많은 돈을 쓰셨는데, 난 전혀 보답을 못했소. 지금 나의 지위로 어느 정도 당신을 위해 일할 수 있을지 모르겠지만, 사양말고 말해 주시오. 내 힘껏 도와 드릴테니.」

그렇게 말할 것이다.

그 때, 사나이는 갑자기 땅에 엎드려 말했다.

「실은, 지금까지의 일은 모두가 소진님의 명령대로 했을 뿐입니다. 소진님은 귀곡선생 문하 최고의 천재 장의님이 지금 세상의 부름을 받지 못하고 역경 속에 있는 것을 몹시 슬퍼하고 계십니다. 그래서 거짓으로 장의님을 욕보이고 발분케 하려는 것이었습니다. 그 후, 곧 저에게 장의님을 따르게 해서, 장의님이 필요한 것은 무엇이든지 도와드리도록 명하셨습니다. 사례를 받는 일은 꿈에도 생각해 보지 않았습니다.」

지금 은인인 소진이 가장 바라고 있는 것은 무엇일까? 여섯 나라를 합친 첫 단계로 조·연 동맹이 간신히 성립된 때이다. 그런데, 진이 조를 공격하면 이 동맹은 간단히 깨진다.

진의 조 공격을 중단시킨다. 이 이상으로 소진에게 보답하는 길은 없다.

소진은 돌아갔다.

귀곡선생은 자리에서 일어나 안으로 들어갔다.

귀곡학사는 안이 깊었고, 강의하는 장소에서 안쪽으로는 출입이 금지되었다.

제일 안쪽에 푸른색으로 칠한 문이 있다. 손잡이는 황

금색으로 묵직했지만, 귀곡선생이 한손으로 밀자 쉽게
열렸다.

「눈치챘느냐?」

방 안에서 소리가 들렸다.

귀곡선생은 더욱 안으로 들어가 앉아서,

「소진은 눈치채지 못했습니다.」

「몹시 초조해 있었겠지.」

처음부터 방 안에 있던 인물이 그렇게 말했다.

자세히 보면, 그 인물도 지금 마주 앉은 귀곡선생과 모
습이 똑같다. 마치 쌍둥이처럼.

조금 전에 방 안으로 들어온 귀곡선생은 두 손을 양 눈
썹에 대었다. 다음 순간, 길고 흰 눈썹이 떨어지고 감춰
진 검은 눈썹이 나타났다. 계속해서 머리를 만지자 백발
이 떨어졌다. 그 아래로 검은 머리칼이 나타났다.

그 얼굴은 여러 나라를 방랑하고 있어야 할 장의였다.

「목소리에는 상당히 신경을 썼습니다.」

「그만큼 연습을 했으니까 속았지만, 소진의 마음이 동
요하고 있었기 때문에 쉬웠을 것이다. 그건 그렇고, 너
에게도 서서히 운이 돌아오는 것 같다.」

방 안에서 기다리고 있던 노인이 말했다. 이 사람이야
말로 진짜 귀곡선생, 그 사람이었던 것이다.

  귀곡선생은 소진의 방문소식을 듣자 장의를 불러 자기
의 대역을 하도록 시켰었다.

  이 기회를 이용하여 장의를 위해 길을 열어주고 싶었
던 것이다.

  장의에게 부족한 것은 소개자를 얻기 위한 자금이었
다. 그것을 소진에게서 끌어 내려고 한 것이다.

  귀곡선생으로서는 두 사람의 뛰어난 제자를 경쟁시키
고 싶었다.

  「소진은 합종을 추진하고 있다. 장의야, 너는 연형(連
衡)을 해라.」

  합종은 여섯 나라를 동맹시켜서 진에 대항하는 것이
다. 그에 대해서 연형이란 진과 제, 진과 조, 진과 위, 이
런 식으로 진이 6국과 제각기 화친하는 것이었다. 이렇
게 되면, 강대국인 진은 어느 나라에 비해서도 우위에
서게 된다.

  「장의야, 소진은 6국의 재상을 겸하려 한다. 재상이 나
라의 주인으로 바뀌는 것은 이상할 것이 없다. 진(晋)이
나 채(蔡)도 그랬었다.」

  「아니, 그럼 소진은?」

  「그렇다. 그는 천하를 노리고 있다.」

  귀곡선생은 계속 말했다.

「장의야. 너는 재능에서는 소진보다 뛰어나지만, 포부가 큰 것으로는 소진이 너보다 우위다. 내가 보기에, 연형에 의해 진(秦)이 천하를 통일하기는 쉽지만, 합종이 무너지고 소진이 천하를 잡는 것은 어려운 일이다. 소진은 그 적은 가능성에 큰 꿈을 걸고 있다.」

귀곡선생은 역시 야망의 소진보다는 재능의 장의를 사랑했던 것이다.

「알았습니다. 소진과 같은 인물이 천하의 주인이 되면 천하는 큰 불행입니다. 어떤 일이 있어도 합종을 깨뜨리겠습니다.」

장의는 굳게 다짐하듯 말했다.

「다만, 진으로 하여금 조에의 출병을 그만두게 하는 것은 꼭 실행시켜야 한다. 너희들 두 사람의 경쟁은 그것이 끝난 다음에 시작되는 것이다.」

「명심하겠습니다.」

「그럼, 가 보아라. 진의 수도로.」

장의는 진을 향해 출발했다.

그 후에는 이미 꾸며진 그대로 진행되었다.

소진은 뛰어난 변설로 한때는 6국을 합종시켜 재상을 겸하는 화려한 출세를 하였다.

상대를 추켜올린 후 위협하는 방법은 뜻밖에 효과가 있었다. 더욱이 그의 달변이 제후들의 마음을 사로잡았다.

진을 맹주로 하는 연형과, 진에 대항하는 합종이 천하의 패권을 두고 처절한 싸움을 시작했다.

동문의 두 사람 싸움이고 보니 상대방을 잘 알았다. 쌍방이 힘든 상대였다. 그러나, 역시 학생시절의 성적은 정직한 것이어서, 장의 쪽이 한수 위인 것 같았다.

장의가 노린 것은 라이벌인 소진의 인간성의 약점이었다.

귀곡학사에 있을 때, 소진의 별명은 건달이었다. 걸핏하면 들떠서 춤이라도 출 듯이 덤벙대는 성격이었다.

자기를 과시하고 싶은 의욕이 강한 인간은 우선 동료들에게 거만해진다. 대등한 대화를 해야 할 때에도 낮추어 보는 듯한 말투를 쓴다. 그리고, 자기보다 윗사람에 대해서도 대등한 듯한 자세를 취하게 된다.

연의 역(易)왕에게 어머니가 있었다. 지나치게 남자를 좋아하는 여자였다. 미망인이고 나이도 적지 않은데, 남자를 보면 추파를 보냈다.

역왕의 어머니는 소진에게는 윗사람이다. 건달 기질이 있는 소진은 그녀와 매우 친하게 지냄으로 해서 자신의 위치를 과시했다.

「소진은 왕모와 이상한 사이다.」

삽시에 소문이 쫙 퍼졌다.

소진은 한창시절이고 역왕의 어머니는 이미 초로의 할머니다. 이들을 비방하는 부자연하고 우스운 토막 이야기를 들어도 사실이라고 생각하는 자는 없을 것이다. 소진은 그렇게 생각하고 태평하게 있었다.

그러나, 소문은 점차로 확대되었다.

라이벌인 장의의 검은 손이 소진의 주변에 뻗쳐 있었던 것이다.

같은 염문이라고 해도 절로 미소짓게 되고 호감이 가는 것과, 불쾌하게 느껴지는 것이 있다. 소진과 역왕의 어머니에 대한 소문은 처음에는,

(설마.…)

하고 생각되는 악의없는 우스운 이야기였을 뿐이었지만, 점차로 불쾌한 것으로 변했다.

「소진은 밑에 있는 무기를 사용해서 왕의 어머니를 빼앗고, 위에 있는 무기로 왕의 나라를 빼앗을 것이다.…」

사실의 진부는 차치하고, 이것은 내버려 둘 수 없는 일이었다. 더 늦기 전에, 소진의 처우에 대해서 재고해야 했다. 역왕도 그렇게 생각하게 되었다.

역왕은 은밀하게 측근들과 상의했다.

신하로서 대죄를 범했으니 즉시 참죄에 처하자는 의견도 있었다. 그러나, 그것은 소수 의견에 지나지 않았다. 현재 소진은 연에 머물러 있지만, 6국 합종의 주역이니, 그를 참죄하면 중요한 국제문제를 일으켜 약소국 연의 운명을 위태롭게 할 염려가 있었다. 그런 신중론이 대세를 점하고 있었다.

이 밀의는 물론 소진에게는 극비로 했지만 모략의 태두인 소진은 왕의 측근에도 정보망을 가지고 있었던 것은 말할 것 없다. 그는 재빨리 이 사실을 알았다.

왜 이런 곤란한 일이 생겼을까?

소문에 꼬리가 붙었기 때문이지만, 과연 그 꼬리는 자연적으로 붙은 것인가? 만일 누군가 조작했다면……

(장의가 꾸미는 것이라면 이미 때가 늦었다고 하지 않을 수 없다. 한시라도 빨리 이 연에서 도망치는 수밖에 없다. 하지만, 이대로 도망쳐서는 다시는 천하에 나타날 수 없다.)

소진은 한바탕 연극을 하고 연을 떠나기로 했다.

먼저 연의 역왕을 은밀히 만나 말했다.

「연에 있어서 최대의 화근은 남쪽의 제입니다. 연의 안전은 제가 약해져야만 보증된 것입니다. 신이 제로 가서 제의 국력을 약화시키겠습니다.」

「옳은 말이요.… 방법이 있소?」

「군사 외의 큰사업을 권하겠습니다. 토목이나 건축 같은 것 말입니다. 그렇게 하면 재정의 부담에 의해 국력이 약해질 것입니다.」

「하지만, 어떻게 해서 제왕을 설득할 것인가?」

「신이 제로 가겠습니다.」

「음, 우리 연을 떠나겠다는 말이요?」

「그렇습니다.… 그것도 신이 편히 연을 떠난다면 의심받을 것입니다. 신을 추방한 것으로 해 주십시오..… 큰 죄가 있어 벌이 무서워 도망친 것으로 하면, 제에서도 의심하지 않을 것입니다. 마침 신에 관해서 기묘한 소문이 떠돌고 있으니, 그렇게 해도 위장이라고는 생각하지 않을 것입니다.」

「음, 그것은 그렇지만.…」

역왕은 말꼬리를 흐릴 뿐, 어쩔 수 없었다.

이렇게 해서 소진은 정치의 무대에서 내려오지 않고, 연을 떠나 생명의 위험을 모면했다.

당초부터 합종의 주역이었던 소진은 제로 가서도 재상으로 등용되었다.

이 무렵에는 장의의 방해공작에 의해서 합종의 결맹도 꽤 큰 금이 생겨 있었다. 특히 연과 제와의 사이는 심각했다.

제의 선(宣)왕은 곧 죽었지만, 이 때의 장례는 파격적으로 성대했다. 새로 즉위한 민(湣)왕에게 소진이 이렇게 진언했기 때문이다.

「효도를 분명하게 하기 위해서도, 제후들에게 우리 제의 국력을 과시하기 위해서라도 될 수 있는 한 성대한 장례를 치르십시오.」

소진은 끈이 풀린 6국의 합종을 다시 굳게 하고 싶었던 것이다. 그런데, 가는 곳마다 숙적 장의의 손이 뻗쳐 끈이 조여지기는 고사하고, 그 끈이 토막토막 잘라지는 것을 느낄 수 있었다.

그것에 대항하기 위해서 소진은 무리를 해야만 했다.

진은 점점 국력이 강해졌다.

남은 6국은 작은 나라지만, 그 중에서 초와 제가 가장 강력했다. 초와 제는 합종의 중심이 되지 않으면 안 되었다.

초나라에서도 제와의 우호조약을 무엇보다도 먼저 실행시키려고 노력하였다. 가장 열심히 그것을 주장한 사람은 굴원(屈原)이었다.

굴원은 스스로 초의 사절로서 제를 찾아와 초 · 제의 우호증진에 노력했다.

소진이 연에서 제로 달아난 것도, 굴원이 제에 사절로 간 것도 〈사기〉에 기록된 바에 의하면 같은 시대였으니, 같은 외교문제를 다루었던 이 두 사람은 제의 수도에서 반드시 얼굴을 마주했을 것이다. 그렇지만, 역사에는 그 일에 대해 상세한 기록이 없다.

소진은 초조했다. 자기 주위에 장의가 착착 손을 써오고 있다. 동문이었으니 그것을 잘 알았다.

언제나 누군가에게 미행을 당하는 느낌이었다. 때문에, 소진은 신경질적으로 신변에 주의를 기울였다. 신원이 확실치 않은 자는 일절 접근하지 못하도록 했다.

그러한 정보가 진에 있는 장의의 귀에도 들어갔다.

「소진은 나를 지나치게 겁내는군.」

장의는 자객을 보내어 소진을 제거하려 했다.

신변의 경계가 엄중하면 엄중할수록 자객이 접근하기가 힘들 것이다. 그러나, 상대는 장의만을 경계하고 있기 때문에, 장의의 손길이 파고들 틈은 없지만, 그 반면에 다른 사람에 대한 경계는 허술할 것이다.

천하를 무대로 활동하는 소진은 제의 대신들을 어린애 취급하고 있었다. 자기의 목숨을 노리는 자가 있다면 그것은 같은 천하를 무대로 싸우는 장의 이외는 없다고 소진은 생각하고 있었다. 그러나, 대신들은 그의 목숨을 노릴지도 모른다. 소진은 장의 한 사람만을 상대로 골똘히 생각하고 있어 제의 다른 정객들에 대한 경계는 소홀히 하기 쉽다.

장의가 단언한 것은, 소진에게 그런 틈이 생기는 것을 알 수 있었기 때문이었다. 그는 자기가 직접 하지 않고 소진에게 불만을 갖고 있는 제의 대신들을 은밀하게 조종해서, 그들로 하여금 자객을 보내게 했던 것이다.

심부름 하는 하인의 안내로 들어온 자객이 집으로 숨어들어 소진을 찌른 것이다.

「당했구나!」

소진은 가슴 밑을 누르며 신음했다.

칼은 심장에서 좀 빗나갔지만 출혈이 심했다. 어이 없게도 너무나 엄중한 경계를 한 탓으로 의원이 소진의 집을 통과하는데 많은 시간이 걸려 손을 쓰는데 늦고 말았다.

임종을 눈앞에 둔 소진에게로 제왕이 찾아왔다.

「우리 제에게 적대하는 자들을 일망타진할 방책이 있습니다.」

헐떡이며 소진은 그렇게 말했다. 제왕은 더욱 가까이 앉았다.

「신을 찌른 일당이야말로 합종을 파괴하고 제를 멸망

시키려는 잔악한 무리들입니다.… 자객을 체포해 주시기 바랍니다.」

「어떻게 하면 자객을 체포할 수 있겠는가?」

「신이 죽거든 시장에서 신의 시체를 차열(車裂)의 형에 처해 주십시오.」

「뭐라고? 그대를 차열의 형에?」

말이 끄는 두 대의 마차에 좌우의 손발을 묶고 신호와 함께 마차가 좌우로 갈라져 달리면 눈 깜짝할 사이에 몸이 찢어진다. 차열의 형이란 그와 같은 잔인한 형벌이었다.

「죽고나면 아프지도 아무렇지도 않습니다. 제발 주저마시고 차열의 형을 내리십시오.… 그리고, 소진은 연의 첩자로 제에 와서 연을 위해 제에게 불리한 짓을 도모했다고 처형의 이유를 벽보에 써서 높은 곳에 걸어 주십시오.」

「그것은 무엇 때문인가?」

「신이 반도로서 처형되면, 신을 찌른 자는 반도를 죽인 상을 받으려고 출두할 것입니다. 그 자를 체포해서 제의 멸망을 꾀한 자들을 검거 하십시오.」

말을 마치자 소진은 곧 숨을 거두었다. 계왕은 소진의 말에 따라 그의 시체를 차열의 형에 처하고, 그를 반도라고 쓴 나무패를 높이 걸었다. 과연 자객이 출두했고 그 배후가 차례차례로 나타나 관계자는 모두 처형되었다.

그러나, 소진의 임종시 연극으로도 그의 최후 목적은 이루어지지 않았다. 그는 장의를 노렸지만, 아무리 조사를 해도 그 선까지는 나타나지 않았다.

초(楚)의 왕족에는 소(昭)·굴(屈)·경(景) 세 성이 있었다.

왕족을 통제하는 것이 국정의 근본이고, 그것을 담당하는 대신을 삼려 대부(三閭大夫)라고 불렀다.

굴원(屈原)도 왕족으로 일찍이 이 삼려 대부라는 요직에 앉은 일이 있었다.

그러나, 굴원은 정치가라기 보다는 시인이었다.

책사 장의가 있는 진은 이미 모략의 손길을 초에 뻗치고 있었던 것이다. 이런 때, 왕족인 그가 초의 정계에 있었던 것은 불행한 일이었다.

「고집스럽고 딱딱하게만 나옵니다. 벅찬 상대입니다.」

초에 보냈던 첩자로부터 초의 요인 굴원의 성격을 그런식으로 보고 받자 장의는 웃으며 말했다.

「벅찬 상대라기보다는 오히려 다루기 쉬운 상대이다.」

곧은 인간일수록 모략을 쓰기가 쉽다. 오로지 한 길로만 생각할 뿐, 좌우나 위 아래를 보지 않기 때문에 조금만 계략을 쓰면 쉽게 쓰러진다. 그런 뜻에서 장의는 굴원을 머리에서부터 깔보고 있었던 것이다.

굴원은 굴원대로 장의처럼 비뚤어진 인간은 질색이었다.

「장의는 학식이 풍부하고 재능이 많은 인물이지요.」

그렇게 말해도 굴원은 머리를 저으며,

「아무리 학문이 많고 재능이 뛰어나도 책모를 일삼는 인간은 보잘것 없다. 사나이는 곧고 바르지 않으면 안돼.」

이렇게 대답했다.

굴원은 장의뿐 아니라, 장의가 속해 있는 진나라도 싫어했다. 진나라는 대신이나 장군을 등용하는데 있어 재능을 중히 여기고 인간적인 면을 소홀히 했기 때문이다.

초의 중신들은 두 파로 갈리어 있었다.

친진파와 친제파였다.

진을 싫어하는 굴원이 친제파였던 것은 당연했다.

무서운 책사 장의가 전력을 기울여 초 · 제 동맹의 파괴를 꾀한 것은 말할 것도 없었다.

「먼저 친제파의 거두 굴원을 고립시키자!」

장의는 굴원을 꺾을 계략을 마련했다.

계략이 정해지면 다음은 황금작전이다.

매수에 또 매수. 장의는 온갖 수단을 다 썼다.

초의 희왕이 현명하지 못한 것도 장의의 공작을 쉽게 해주는 요인이었다. 희왕은 정수(鄭袖)라는 여자를 사랑했고, 그녀가 하자는 대로 했다. 장의의 매수공작은 이 정수에까지 뻗치고 있었다.

친진파의 거두는 상관대부(上官大夫)의 자리에 있던 근상(靳尙)이다. 궁중에서의 서열도 굴원과 근상은 동급이고 숙명적인 경쟁자였다.

「요직에 굴원이 있는 한 당신의 지위는 편안할 수 없소.」

장의는 은밀하게 사람을 파견해서 근상에게 그런 충고를 했다.

근상은 머리를 끄덕였다.

굴원은 다른 신하들처럼 왕에게 아첨의 말을 하지 않았다. 오히려 격한 어조로 간하는 일이 많았다. 명군이라고 할 수 없는 희왕은 굴원이 거북스러웠다.

「왕은 국정상의 성공을 자기 혼자서 차지하고 싶어하오.」

멀리 떨어져 있어도 장의의 조언은 지극히 구체적이었다. 근상은 각본에 따라 왕에게 이렇게 말했다.

「이번의 법령은 아주 좋지만, 굴원은 그것을 자기가 아

니면 누구도 이와 같은 좋은 법을 만들 수 없을 것이라
고 큰소리치고 있습니다.」

초에서는 모든 법령의 기초는 나라 안에서 최고의 문
장가인 굴원에게 맡기고 있었던 것이다. 왕은 근상의 말
을 듣고 불쾌했다.

희왕은 점차로 굴원을 멀리하게 되었다.

「경은 제와의 우호를 주장하고 있으니, 한 번 제로 가
서 실적을 올려 주었으면 좋겠소.」

이런 구실로 왕은 굴원을 사절로서 제에 보내어 중앙
에서 쫓아냈다.

굴원이 없는 초는 장의로서는 전혀 두렵지 않은 상대
였다. 그는 스스로 초를 찾아 희왕을 설득했다.

「진은 제를 미워합니다. 만일 초와 제가 단교한다면 진
은 사례로 상(商)·어(於)의 땅 6백리를 드리겠습니다.」

상·어의 땅은 섬서성에 있으며 일찍이 신앙에게 봉해
졌던 곳이다. 어리석은 희왕은 그것을 미끼인 줄도 모르
고 욕심을 부려 장의의 제의를 수락하고 제나라와 단교
했다.

장의는 이렇게 해서 제에 있어서 눈의 가시였던 초·
제의 우호관계를 파괴했다.

희왕은 제와 단교한 댓가로 약속대로의 6백리의 땅을

받기 위해 사자를 진으로 파견했다.

「6백리요? 농담이시겠지요. 내가 희왕에게 약속한 것은 6리였소. 무언가 오해를 하신 것 같군요.」

장의는 사자에게 이렇게 거짓말을 했다.

그 소식을 듣자, 희왕은 화가 치밀었다.

「음, 잘도 속였구나!」

동원령을 내리고 군사를 진으로 출병시켰다. 물론 진에서는 이것을 예상하고 있었다. 단수(丹水)와 절수(淅水)사이에서 초병을 맞아 초병 8만을 궤멸시키고, 장군을 포로로 잡았으며, 계속 전진해서 초의 영토인 한중(漢中)을 점령해 버리고 말았다.

초는 공격해 들어갔던 진에서 군사를 철수시켜야 했다. 동맹이 계속되고 있었다면 이런 때에 제나라가 구원하겠지만, 단교 상태였기 때문에 바랄 수 없었다.

진나라는 실의에 빠진 초나라의 희왕을 다시 한번 유혹했다.

「이번 싸움에서 점령했던 한중의 땅을 돌려 드리지요.」

희왕은 매우 감정적인 인간이었다.

「땅 같은 것은 필요없다. 나를 속인 장의를 넘겨주기 바란다.」

이렇게 회답했다.

「장의, 어떻게 하면 좋겠는가?」

진나라의 소왕은 장의에게 물었다.

「기꺼이 초로 가겠습니다.」

「초로 가면 성급한 희왕에게 틀림없이 죽임을 당할 것이다.」

「결과는 두고 보십시오.」

장의는 벌써 초나라로 가서 해야할 일을 생각해 놓고, 그 공작을 은밀히 진행시키고 있었다. 상관대부 근상을 통해서, 희왕의 애첩 정수에게 다음과 같이 바람을 넣었던 것이다.

「장의는 진나라에서 아끼는 신하입니다. 그의 목숨을 구하려고 지금 진나라에서는 백방으로 미녀를 찾고 있습니다. 절세의 미녀를 구해 초나라에 바치고, 그것으로 장의의 목숨을 살리려 하고 있습니다.」

정수는 이미 20대의 반을 지나 30에 가까웠다. 미모에는 아직 자신이 있었지만, 시든다는 것을 절감하지 않을 수 없었다. 게다가, 그처럼 넓은 진에서 고른 미녀라면 절세의 미인일 것이다.

(왕의 사랑을 그 여자에게 빼앗긴다면....)

「지금 장의를 석방하면 진나라의 미녀는 오지 않을 것입니다.」

　이런 근상의 말에 정수는 더 생각할 수 없었다. 그녀는 왕을 졸라서 장의를 석방하도록 했다.

　정수는 눈물을 흘리며 희왕에게 매달렸다.

「알았다. 장의를 석방시키지.」

　마침 제나라와 단교했기 때문에 제나라에 사절로 주재했던 굴원이 돌아와 있었다. 굴원은 장의의 석방 소식을 듣고 왕에게 급히 면회를 청했다.

「장의 때문에 얼마나 곤욕을 치르셨습니까? 그런데, 벌써 그 일을 잊으셨습니까? 어째서 장의를 석방하십니까?」

하고 말했다.

　굴원의 말을 들으니 장의 때문에 당한 여러 가지 일들이 생각나서 왕은 심사가 괴로웠다.

「알았다. 곧 군사를 보내어 장의를 잡아라!」

　급히 명령이 내렸지만 장의는 빈틈없는 자였다. 밤을 새워 말을 달려 재빨리 초나라의 국경을 넘었다.

　진나라는 초나라에 대한 모략의 손길을 늦추지 않았다.

　변화무쌍한 진나라의 농간에 희왕은 마냥 희롱당할 뿐이었다.

　장의가 은밀히 파견한 모략부대는 점점 많은 사람들을

매수하여, 그 때에는 왕의 측근에 있는 사람들은 친진파 일색으로 변해 있었다.

반진의 진영에서 최후까지 버티고 있는 사람은 굴원 한 사람뿐이었다. 그는 고독한 싸움을 계속했다. 그를 돕는 사람이 없었던 것은 지나치게 고지식한 그의 성격 때문이었는지도 모른다.

「진의 왕녀를 희왕에게 바치고 진과 초의 화친 조약을 맺고 싶소. 그러므로 타협을 위해 이 곳으로 오시기를 바랍니다.」

진으로부터 그런 제의가 있었을 때, 희왕은 굴원의 맹렬한 반대를 무릅쓰고 진으로 가기로 했다.

왕의 측근은 친진파가 절대 우세했다. 특히, 왕의 막내인 자란(子蘭)은 열렬한 친진론자로 부왕이 진으로 가는 것을 몹시 좋아했다.

희왕은 진으로 가서 그대로 억류당하는 신세가 되었다.

희왕은 진에서 죽고, 장남인 경양왕(頃襄王)이 즉위했다. 재상은 자란이었다. 때문에 초의 국론은 변함없이 친진이었다.

끝까지 반진론을 주장했던 굴원은 드디어 추방되었다.

방랑의 죄인이 된 굴원은 관리의 상징인 관을 쓰지 않고, 머리칼을 풀어 흐트린 채 장강(長江)의 주변을 방황

했다. 몸은 고목처럼 마르고 얼굴도 살을 깎아낸 듯이 여위었다.

「삼려대부님이 아니십니까? 어떻게 이런 곳에?」

강가에서 만난 어부가 굴원을 알아보고 물었다.

「세상이 모두 흐려있는데 나만이 맑다. 모두 취해있는데 나만이 깨어 있다. 때문에 함께 어울리지 못하고 이렇게 되었네.」

「세상이 흐려있으면, 함께 흐려지면 되지 않겠습니까? 모두 취해있으면, 어째서 대부님도 취하지 않으십니까?」

「헛, 헛....」

굴원은 공허한 목소리로 웃었다.

「나는 그렇게 못하네. 그런 일을 할 바에는 죽는 편이 낫겠지.」

멱수(汨水)와 나수(羅水)가 합치는 멱라의 못에서, 굴원은 품 속에 돌을 넣고 투신했다. 유언으로 시를 지었는데, 그 시에는 〈회사(懷沙)의 부(賦)〉라는 제목이 붙어있다. 〈돌(沙石)을 품고 투신하다〉라는 뜻이었다.

여불위(呂不韋)

　순자(荀子)는 조(趙)나라 사람으로, 50세가 넘어서야 제의 직하의 학사가 되었다가, 초로 와서 난릉(蘭陵)에 살았다.

　순자라고 하면 맹자의 〈성선설(性善說)〉에 맞서 〈성악설(性惡說)〉을 주장한 사람이다. 그는, 인간은 본래의 심성이 악하기 때문에 옛날의 성인들이 예의(禮義)를 만들었다고 했다. 그가 말하는 예의는 공자가 말하는 예악(禮樂)보다는 법제(法制)에 가까운 뜻을 갖고 있다. 때문에 그의 문하에서 유명한 법치주의(法治主義)의 사상가인 한비자(韓非子)와 법치주의의 실천가인 이사(李斯), 두 사람의 제자가 나올 수 있었다.

한비자는 한의 왕족이었다.

뛰어난 두뇌와 늠름한 용모를 가지고 있었지만, 애석하게도 태어날 때부터 심한 말더듬으로, 상대방이 거의 알아들을 수 없을 정도였다. 한(韓)은 작은 나라이다. 소진이 한을 찾아와 합종을 설득하며 이런 말을 했다.

「차라리 닭의 머리는 될지언정 소의 꼬리는 되지 말라.」

진을 소에 한을 닭에 비유했던 것이다.

「어떻게 하면 이 나라를 진의 마수에서 지킬 수 있겠는가?」

왕자인 안(安)은 한비자에게 의논했다.

한비자는, 석학 순자의 문하에서 그를 따를 자가 없다는 인정을 받고 있었다.

「즉효(卽效)의 법책(法策)은 없습니다.」

「즉효가 없다면 지효(遲效)의 법책이라도 좋다. 나는 조상의 땅을 지켜야 한다.」

「지효(遲效)의 법책이라면 몇 가지 있습니다. 저 강력한 진이 그 힘을 우리 나라로 향하지 않도록 하는 것이 중요합니다. 그러기 위해서는 대사업을 일으키게 하는 것입니다.」

「그것은 너무나도 틀에 박힌 수법이군.」

「궁전 · 능묘 · 교량 · 성곽 등의 공사로는 틀에 박힌 수

법으로써 의심을 받을 것입니다. 하지만, 진에 이익이
되는 사업이라면 진왕도 받아들일 것입니다.」

「진에 이익이 되는 사업이란?」

「진의 약점을 보충하는 일입니다.」

「진의 약점? 땅은 넓고 군사는 많다. 그것도 정병이다.
진의 어디에 약점이 있나?」

「땅은 넓지만 반드시 비옥하지는 않습니다. 따라서, 군
사는 많지만 군량이 모자라는데, 초는 10년의 식량이 비
축되어 있어 진이 항상 부러워하고 있습니다. 진의 식량
문제를 해결하는 대사업, 즉 관개공사를 진왕에게 권하
면 어떠할까 합니다.」

지금까지 왕자 안과 한비자가 주고받은 말은 편의상
회화처럼 기술했지만, 심하게 말을 더듬는 한비자는 언
제나 신변에 죽통·필묵 등 필기도구를 준비하고, 반은
필담에 의지했던 것이다.

안은 한비자를 깊이 믿는 바가 있었다. 그러기에 완전
히 그에게 의지하는 것이었다.

「물론 최후에는 제가 진으로 가겠습니다. 하지만 우선
정국(鄭國)을 파견해 주십시오.」

「그럼 그렇게 할까?」

정국은 치수공사를 했던 경험이 있는 사람이다.

「정국이 궁녀에게 손을 대었다가 체포되었지만, 탈출해서 진에 망명한 것으로 하십시오.」

「그렇지. 그렇게라도 하지 않으면 진은 정국을 믿지 않겠지.」

「정국은 평범한 가신이지만 신은 왕족이므로 그렇게 망명이 쉽지 않습니다. 정국이 경수(涇水)와 낙수(落水)를 연결하는 관개수로를 완성하려면 몇 년 걸립니다. 그 후가 어려운데, 그 때에는 신이 진으로 가겠지만, 그러기 위해서는 신과 왕, 혹은 신과 왕자와의 사이가 좋지 않은 듯이 보여야 합니다. 냉대를 받고 의심을 사서 도저히 고국에 있을 수 없어 도망친 것으로 해야 합니다. 지금부터 우리 사이가 좋지 않다는 소문을 퍼뜨려야지, 그 때 가서 갑자기 하면 의심받게 됩니다. 진의 첩자도 틀림없이 우리 궁중에 잠입해 있을 것이니 언동에 조심하셔서 내일부터라도 신을 좀더 차갑게 대하도록 해 주십시오.」

「음, 알았다. 나와 그대와의 사이에 그런 위장을 하지 않으면 안 되는 것이 마음 아프지만, 나라를 위하는 길이다.」

그러나, 한비자는 천하 만민을 구하기 위해서 중국을 통일할 수 있는 나라는 진(秦)나라 뿐이라고 생각하고 있었다.

진나라에는 이미, 후에 시황제(始皇帝)라 불리게 될 정(政)이 왕위를 계승하고 있었다. 결단력과 실행력은 역대 어느 왕보다 뛰어났었다. 정국이 진왕에게 관개공사를 하자고 했을 때,

「좋다. 해라! 노동력·자재, 모든 것을 요구하는 대로 지원해 주겠다.」

진왕은 너무나 쉽게 말했다.

「감사합니다. 뭐라고 고마움을 말씀드려야 할지. 고국에서 쫓겨 온 몸, 헌상할 재보도 가지고 있지 못합니다. 좋아하는 글이나 대왕님께 헌상함으로써 예를 갖추고자 합니다.」

「어떤 글인가?」

「고분(孤憤)·오두(五蠹)·내외저(內外儲)·설림(說林)·설난(說難)등의 제목으로 된, 제편(諸篇) 10여만 자의 문장입니다.」

종이가 없던 시대였기 때문에 죽간이나 목간에 쓰여 있는 것이었다. 지금의 한 권 정도의 분량이라면 당시에는 마차 한 대 분이었다. 진왕은 그 책을 읽고 흥미를 느꼈다.

「으음, 대단한 사상가이다. 이런 인물과 대화를 나누어

보았으면…. 하지만, 이 책의 저자와 시대를 같이 하지 않으니 유감이군.」

진왕 정은 책의 저자를 옛날 사람으로만 생각했던 것이다. 왕의 옆에 있던 이사가 말했다.

「황공하오나 그 책의 저자는 신과 동문인 한나라 사람입니다.」

「뭐라고? 그대와 동문인가? 그렇다면 곧 그를 초빙하도록 해라.」

진왕은 눈을 빛내며 말했다.

「하지만, 그 자는 한왕의 일족인데 쉽사리 초빙에 응할지 모를 일입니다.」

「음, 그렇다면 더욱 인재가 탐난다. 한나라 같은 곳에 두면 보물을 썩히는 격이 된다. 무슨 일이 있어도 나의 고문으로 맞이하겠다.」

진은 초대국이다. 어느 정도의 자기 고집은 관철시킨다. 곧 첩자로부터의 보고로, 한비자는 한의 새 왕과 사이가 좋지 않으며, 현재 미움을 받아 근신 중이라는 것을 알았다. 한에서는 34년간 왕위에 있던 한혜왕이 죽고 그 아들인 안이 왕위를 계승하였다. 기원전 238년의 일이다.

새 왕은 왕자 시절부터 한비자를 싫어했다고 한다.

「그렇다면, 한비자를 초빙하는 일은 손쉬울 것이 아닌가?」

진왕은 한으로 사자를 보내어 한비자를 달라고 했다. 한나라는 승낙했다. 새 왕은 진의 사자를 연회에 초대했을 때, 술에 취한 척하고 이런 말을 했다.

「그 자는 조금도 아깝지 않을 뿐더러, 오히려 귀찮음을 덜게 되어 시원하오.」

이렇게 해서 한비자는 계획대로 진으로 갈 수 있었다.

한비자(韓非子)가 진(秦)에 들어온 것을 둘러싸고 주요 인물들이 내린 해석은 다양했다.

한왕(韓王)인 안(安)은 한비자가 진에서 모략을 써서 한으로 군사를 돌리지 않도록 획책해 줄 것으로 기대하고 있었다. 진왕(秦王) 정(政)은 한비자를 얻어 진의 힘을 더욱 강하게 하고 싶다고 생각하고 있었다. 진의 객경(客卿) 이사(李斯)는 자기보다 뛰어난 재능을 가진 한비자에게 자신의 지위를 빼앗길 것을 염려했다. 이사는 수리공사의 총감독 정국이 한나라의 첩자라는 것을 알고 있었다. 그러나, 한비자와 정국의 관계는 그 확증을 잡지 못했다. 두 사람 사이에는 동국인이란 공통점밖에 없었다. 그런데, 이사 자신도 역시 한나라 사람이었다. 정국과 한비자와 이사, 세 사람 모두가 한나라 사람들이다.

위험한 줄타기이지만 이사는 결심했다. 정국을 문초했다. 정국은 엄한 조사를 받고 한나라의 첩자임을 자백했다.

그러나, 정국은 자신있게 말했다.

「지금 제가 감독하고 있는 관개공사는 진을 위해서는 더없이 좋은 사업이 될 것은 의심할 여지가 없습니다.」

진왕은 잠시 생각한 후에 명했다.

「좋다. 공사의 감독을 계속하라.」

그러나, 타국인에 대한 경계심을 갑자기 강화해서 마침내 타국인 추방령이 내려졌다.

축객령에 의해 한비자를 물리칠 수는 있었지만, 이사 자신도 진에서 추방되어야 했다. 이사는 진왕 정이 뛰어난 인물이라는 것을 알고 있었다. 한비자의 저서에 써 있던 것처럼 진왕은 인간이 무리지어 사는 생물이고, 그 것을 유효하게 통제하는 것이 군주의 최대의 과제라는 것을 이해하고 있었다. 재능만 있으면 타국인이라 해도 등용하겠다고 생각하고 있다.

단, 진나라를 결속시키기 위해서 내국인들의 불만을 서둘러 진정시키려고 한 것이다.

(희생자를 한 사람으로 끝내야겠다.)

진왕은 이렇게 생각했다. 정국을 적발하기 전에 이사

는 진왕에게 지나가는 말처럼 이런 말을 여러 번 했다.

「한비자는 희대의 인물이지만 말더듬이이기 때문에 입을 사용하지 못하고, 그 사상을 모두 저서 속에 쏟아 넣습니다. 신은 가끔 그에게 이렇게 충고했습니다. 저서에 그대의 사상을 전부 남겨 놓으면 누구나 그대라는 인간을 구하지 않고 그대의 저서를 구하게 되기 때문에 그대에게 불리하다고요. 그러나, 그는 받아들이지 않았습니다.」

그래서, 진왕은 한비자를 희생시킬 마음이 생긴 것이다.

이사는 그 길로 한비자를 방문해서,

「내국인 신하들의 타국인 중신들에 대한 텃세가 심하네. 들어서 알고 있겠지만 축객령이 내려 우리들은 이 나라를 떠나야 하는데, 내국인 신하들은 이 나라의 권세를 휘둘렀던 우리들을 무사하게 출국시키지 않을 걸세. 무기를 가진 병사들이 성 밖에서 우리들을 지키고 있다고 하더군. 이미 우리들의 목숨은 어떤 방법으로도 구할 수가 없네. 나는 독을 마시고 자결하려 하는데, 그대는 어떻게 할 생각인가?」

한비자는 조용히 자리에서 일어나 뜰로 내려가더니 나뭇가지를 꺾어 땅에다 이렇게 썼다.

〈내게도 독을 나누어 주게나.〉

「목숨에 미련은 없는가?」

이사가 묻자 한비자는,

〈할 말은 모두 글로 남겼으니 미련은 없네.〉

이사는 한비자에게 독을 주었다.

다음 날 이사는 진왕에게 보고했다.

「한비자는 추방령에 절망하여 독을 마시고 자결했습니다.」

한비자가 자살했다는 보고를 받고서도 진왕은 미간을 약간 움직이고,

「그런가.」

이 한마디 뿐이었다. 자살 당시의 모습 등에 대해서 더 묻지 않았다.

(혹시 어쩌면….)

이사는 진왕이 모든 일을 알고 있는 듯한 느낌이 들어 견딜 수 없었다. 당시의 나라 중에서 가장 강대국인 진나라의 왕이었던 정은 결코 고통을 모르고 자란 인물은 아니다. 오히려 고생의 연속이었다. 특히 정신적 고통을 수없이 맛보았다.

태어났을 때부터 그는 숙명적으로 고통을 짊어지고 있었다. 정은 진의 소왕(昭王) 48년 정월 조나라의 수도 한단에서 태어났다. 후에 진나라의 주인이 된 그가 타국의

수도에서 태어났다는 것부터 고통의 시작이었다.

그의 아버지는 전국의 제후의 일족으로서 타국에 인질로 보내어져 있었던 것이다.

정의 아버지가 이 한단에서 외로운 인질 생활을 하고 있었을 때, 그에게 접근해 왔던 인물이 있었다 성은 여(呂), 이름은 불위(不韋)라고 하는 큰 장사꾼이었다. 장사꾼이었으니 천하의 정보에 통하고 있었던 것은 말할 것이 없다. 여불위가 자랑으로 했던 것은 대담한 투기였다. 가능한한 모든 정보를 모아, 그것을 분석해서 막대한 자금으로 투기를 하는 것이다.

그렇게 하여 엄청난 부를 쌓았다.

그는 수집한 정보에 의해 이런 예상을 했다.

(천하는 통일을 향해 가고 있다. 통일의 대업을 성취하는 것은 전국의 7웅(雄) 중에 최강인 진일 것이다. 나는 장사꾼으로서는 최상의 경지에 달했다고 할 것이다. 그 이상으로 올라갈 길이 있겠는가?)

이렇게 자문해 보았다 적극적인 성격이었으니 계속 전진하지 않으면 마음이 편안하지 못했다.

「아직 길은 있다!」

하고 그는 자신에게 말했다.

정치와 장사를 같이 한다. 지금까지도 각국의 정치가

를 이용해서 대단히 많은 돈을 벌었다. 그것에서 한발
전진해서 자신이 정치가가 되어 재산을 불린다.

(재상(宰相), 혹은....)

거기서 여불위는 다음 말을 입 안에서 삼키고 말았다.
〈왕〉이라는 말이었던 것이다.

재상이 되려면 우선 국왕의 신임을 얻어야 한다. 그러
나, 어느 나라에도 왕의 신뢰를 받는 재상이 있어 뚫고
들어가기는 어려웠다. 여불위는 그 특유의 기발한 생각
을 했다.

「그 왕을 지금부터 키우는 것이다.」

왕 중에서도 이왕이면 천하의 주인이 될 가능성이 있
는 진왕(秦王)을 키우기로 생각한 것이다.

그 당시 진왕은 즉위 50년이 가까운 고령인 소왕(昭王)
이었다. 실제의 정치는 태자인 안국군(安國君)이 주도하
고 있었으며, 안국군은 이미 왕위를 계승하기에 충분한
나이였다. 여불위가 키우려는 진왕은 안국군 다음의 왕
이어야만 한다.

안국군에게는 20여 명의 아들이 있었다.

그 때 안국군은 화양부인(華陽夫人)이라는 여자를 총
애하고, 다른 부인이나 측실은 거들떠보지도 않았다. 그
러나, 화양부인에게는 자식이 없었다. 여불위는 의욕을

불태웠다.

소왕이 죽은 다음 안국군이 즉위할 것은 확실하지만, 그 다음의 후계자는 아직 결정되지 않았었다. 여불위는 그 뛰어난 정보수집력에 의해 안국군의 20여 명의 아들들을 하나하나 충분히 검토했다. 20여 명의 형제들 중에서 가장 불우한 자는 누구인가? 여불위는 그와 같은 기준에서, 조나라에 볼모로 보내어져 있는 자초(子楚)라는 청년을 선택했다.

진은 조를 공격할 계획을 세우고 있었다. 그 조에 보내어지는 볼모는 처음부터 살해될 각오를 해야만 했다. 이처럼 불우한 왕족은 없다. 볼모이기 때문에 정중하게 대접받지도 못한다. 따라서, 접근하는 것도 수월했다. 각지를 떠돌아 다니는 여불위는 조의 수도 한단에도 집을 가지고 있었으며, 거기에 조희(趙姬)라고 하는 가무의 명수를 첩으로 두고 있었다.

우선 자초를 세상에 나타내려면 그를 세상에 널리 선전하지 않으면 안 된다.

여불위는 자초에게 5백금을 주며,

「이것으로 가능한 한 화려하게 한단으로 찾아오는 명사들과 교제를 하십시오.」

하고 친절하게 사교의 요령을 가르쳐 주었다.

　여불위의 지도가 훌륭했던 때문인지, 조에 인질로 가 있는 진왕의 손자인 자초는 뛰어난 인물이라는 소문이 여러 나라에 퍼져나가기 시작했다. 자초에 대한 소문이 서서히 본국인 진에도 전해졌을 무렵, 여불위는 장사를 겸해서 진으로 갔다. 뇌물은 장사꾼들의 비밀 무기이다. 돈의 위력으로 그는 왕태자 안국군의 총비인 화양부인을 만날 수 있었다.

　여불위는 세상 소문들을 이야기하다가 말했다.

　「조나라에 계시는 자초님은 참으로 훌륭하신 분입니다. 다정다감하시고.….」

　「자초가 훌륭한 청년으로 여러 나라 명사들과 널리 교제하고 있다는 소식은 듣고 있지만, 다정다감하다는 말은 처음 듣는 말이군요.」

　「고향을 그리워하는 마음이 깊고, 아버님이신 안국군과 그 곁에 계시는 비마마를 깊이 사모하고 계시더군요.」

　「호호, 저를요..….」

　사모한다는 말을 들으면 여자는 약해지기 마련인데, 여불위는 그러한 여자의 마음을 이용한 것이다.

　「그러합니다. 화양부인은 자기에게 있어서는 어머니같이 생각된다고, 가까운 친구들에게 말씀하신다고 들었습니다.」

「그래요?… 인질생활은 괴롭겠지요. 가엾기도 해라.…」

화양부인은 자초를 동정하기 시작했다.

여불위는 다음 순서로 화양부인의 언니를 설득해서 동생에게 양자를 들이도록 권하게 했다.

「동생이 때를 만나고 있는 것은 용모탓이지요. 그 용모는 언젠가는 변할거예요. 그 때에 대비해서 믿을 만한 사람을 만들도록 하십시오. 안국군의 많은 아들 중에서 한 사람, 마음이 착한 사람을 골라 양자로 삼아 두면 어떠한 일이 생겼을 때라도 안심할 수 있지 않아요?」

언니의 말을 듣고 화양부인은 고개를 끄덕이며, 양자를 맞는다면 자기를 어머니처럼 따르는 자초 이외는 없다고 생각했다.

이렇게 해서 화양부인이 자초를 양자로 들여오게 되고, 이에 모든 일이 잘 되어가는 듯이 보였다. 그러나, 세상 일이란 그렇게 쉽고 간단히 되어지는 것은 아닌 듯 싶었다. 어려운 문제가 생긴 것이다.

자초가 여불위의 첩에 욕심을 냈다.

「조희를 내게 양보해 주었으면 하오.」

여불위는 자초의 말에 아연실색했다. 더욱이 그녀에게

서 임신 중인 것 같다는 말을 들은 지 얼마 안 되기 때문이었다. 그러나, 여기서 거절한다면 자초는 화를 내고 자기에게서 멀어질지도 모른다. 그렇게 되며 지금까지의 수고는 수포로 돌아간다.

「좋습니다.」

여불위는 머리를 끄덕이며 대답했다.

「그러나, 그녀를 본처로 해 주십시오.」

자초의 아내가 된 조희는 곧 아들을 낳았다. 그 아들에게 정(政)이란 이름을 지어 주었다.

진시황제(秦始皇帝). 너무나 유명하다. 그러나, 6국을 멸망시키고 천하를 통일하기까지는 진왕 정이었다.

정은 인질의 자식으로서 조의 수도 한단에서 태어났다. 어렸을 때부터 지능은 뛰어났었다. 조숙한데다 마음을 꿰뚫어보는 것도 놀랄 정도로 날카로왔다. 그는 꽤 일찍부터 자기 출생에 관한 비밀을 알았다.

「여불위는 자기 자식을 잉태한 첩을 자초에게 억지로 맡겼다. 아무리 상대가 인질이라고 해도 너무했어.」

「그러니까, 정이란 꼬마놈은 진의 혈통이 아니란 말이군.」

어린 정이 아직은 자기들의 이야기를 이해하지 못하리

라고 생각하고 하인들은 그런 말들을 주고 받았다. 그러나, 조숙한 정은 그들의 이야기를 웬만큼은 이해했다.

정이 어린 아기일 때 진에서는 장군 왕의(王齮)에게 군사를 주어 조의 한단을 포위하게 하였다. 조에서는 자기들의 수도를 포위한 진의 인질을 죽이려 들었다. 자초의 목숨은 바람 앞의 등불이었다. 여불위는 안타까웠다. 자초에게 바친 것은 금전만이 아니었다. 여자도 바치고 아이까지 바쳤다. 간단히 죽게 내버려 둘 수 없었다. 여불위는 특기인 매수공작으로 자초를 감시하는 관리를 황금 6백근으로 매수하여 자초를 진군 진지로 도망치게 하였다.

자초는 너무나 급했기에 가족은 데리고 가지 못했다. 조는 한단에 남겨진 자초의 아내와 그 아들을 죽이려 했지만, 그들을 보호하는 여불위의 존재도 생각되어 목숨만은 구할 수 있었다.

6년 후에 진의 소왕이 죽었다. 태자인 안국군이 왕위를 계승한 것은 당연한 일이다. 안국군은 그 총비 화양부인과의 약속에 따라 자초를 태자로 세웠다. 즉위할 때 안국군은 이미 나이가 많았고, 게다가 여러 해 동안의 섭정으로 피로가 겹쳐 건강상태가 좋지 않았다. 즉위 1년만에 죽고 말았고, 효문왕(孝文王)이라는 시호(諡號)를 받았다.

태자인 자초가 즉위했다. 7년 전 한단에서 가까스로 살아난 인질이 강대국 진나라의 주인이 된 것이다. 바로 장양왕(莊襄王)이다.

(내 계획대로 성공이다!)

여불위가 미친 듯이 기뻐한 것은 말할 것도 없었다. 장양왕은 여불위를 승상(丞相)에 임명했다. 국무총리다. 그리고, 문신후(文信侯)에 봉하고 낙양 10만 가구를 식읍(食邑)으로 주었다. 여불위로 보면 이 정도의 투자액은 충분히 회수된 셈이다. 하지만, 그의 야심은 컸다. 애당초 인간의 욕망은 끝이 없는 것이다.

조의 군신들은 진왕이 된 자초가 조에 처자를 남겨 두고 있다는 것을 생각하고서 조는 진왕 부인과 그 아들인 정을 정중하게 진으로 보냈다.

이 때 정은 열 살이었다.

(얼마나 성장했을까?)

재회하기 전 장양왕은 그것만이 즐거움으로 안아 주고 머리를 쓰다듬어 주려고 생각하고 있었다. 그러나 자기 앞에 나타난 아들은 왠지 머리를 쓰다듬어 줄 만한 분위기를 가지고 있지 않았다.

(오랫동안 고생했기 때문이리라.)

자기 아들에게서 강하게 풍기는 엄한 분위기를 장양왕
은 그런 식으로 풀이했다. 자초는 태자(太子)와 즉위(卽
位)의 경로를 빠르게 달렸지만, 자기의 인생의 막도 재
빨리 닫고 말았다. 즉위 3년만에 죽은 것이다. 당연히 정
이 즉위해서 왕이 되었다. 불과 13세의 소년이었다.

상국(相國)이란 벼슬이 있다. 상국을 승상의 윗자리로
한 것은 진왕 정이 즉위할 때부터 시작했다고 되어 있
다. 그 상국이란 자리에 여불위가 임명된 것이다. 게다
가 진왕 정은 여불위를 중부(仲父)라고 부르게 되었다.
즉 숙부라는 뜻이다. 하고 싶은 일을 마음껏 하려면 최
고의 자리에 앉아야 한다. 그것이 상국의 자리이다. 여
불위는 전부터 하고 싶다고 생각하고 있었던 것을 하나
하나 실행했다.
전국 7웅 중의 최강국이면서도 전에는 식객 3천 명을
데리고 있는 인물이 없었다. 그렇다면 내가 한번 해보
자. 여불위는 그렇게 생각했다.
〈사기〉에, 여불위의 집에는 1만인의 고용인이 있었다
고 기록되어 있다. 노동력이 중요한 생산 수단이었던 시
대였으니 노예를 포함한 1만이란 숫자는 그렇게 놀랄 만
한 인원수는 아니다. 문제는 식객의 질이었다.

〈그 당시, 제후들의 식객 중에는 변사(辯士)가 많았고, 순경(筍卿)의 무리들은 책을 저술하여 천하에 뿌렸다.〉라는 기록 역시 〈사기〉의 여불위전에 있다.

여불위는 인재들을 모아 그들의 지식을 글로 남기게 했다. 그는 식객들에게 제각기 견문을 기록하게 하고, 그것으로 여씨 춘추(呂氏春秋)를 만들었다.

진왕 정의 어머니는 여불위의 첩이었으나, 자초의 아내가 되어 자초의 즉위로 왕비가 되고, 자초가 죽자 태후가 되어 있었다. 옛날 한단에서 가무의 명수로서 알려졌던 여자이다. 그리고, 그녀는 남자가 없이는 하루도 지낼 수 없는 여자였다. 창가(娼家)에서 자란 탓인지 음탕한 기질이 농후한 여자였다. 13세의 아들이 있지만, 그녀는 아직 여자로서 한창 나이 이다.

그 모태후 자초의 생모가 미망인이 되었다.

(이제부터다. 누구의 눈치를 볼 것도 없고 내 마음대로 할 수 있다.)

모태후는 그렇게 생각했다.

진의 궁중에는 옛날 그녀의 남편이던 여불위가 있었다. 본래 음탕한 모태후와 여불위 두사람은 다시금 가까이 지냈다.

「주의해야 하오. 그대는 이 나라의 모태후가 아니오.」

하고 여불위는 말했다.

「걱정하실 것 없어요. 이 나라의 주인인 정은 우리들 두 사람의 자식이 아녜요?」

모태후는 여불위에게 몸을 맡겼다. 장소는 진의 구중 궁궐이다. 상국의 위치를 가지고, 왕으로부터 중부라고 불리는 몸이었으니 여불위는 남자이지만 후궁에 출입할 수 있었다.

「사람들의 눈이 있소. 왕도 이제는 남녀 사이의 일을 알 나이가 되었소.」

「걱정마세요. 그 애는 아직 어린애예요.」

그러나, 그 아들은 어머니의 행동을 차가운 눈으로 보고 있었다.

진은 왕가 혈통이 아니다. 소년왕 정은 언제나 한단에서 들은 그런 말들이 귓전에 되살아나는 느낌이었다. 그렇다면 진의 주인이 될 수 없는 몸이다. 앉기가 거북한 자리이다. 그러나, 정은 가볍게 입술을 깨물며 마음속으로 외쳤다. 이제 곧 천하의 주인이 된다. 진나라 주인의 자리는 잠시 빌렸을 뿐이다.

이 영민한 소년은 진짜 아버지인 여불위가 자기를 꼭 두각시로 하고 마음대로 조종하려 하고 있다는 것을 깨닫고서, 어느날 급히 상국인 여불위를 불렀다. 정이 여불위를 부른 것은 처음있는 일이었다. 언제나 여불위가 입궐해서 배알했었다. 배알은 결정을 전하는 것뿐이다. 그런데, 이번에는 호출인 것이다. 무슨 일인가 하고 여불위는 놀라와하며 급히 입궐했다.

이 날, 소년왕 정은 자기가 언제까지나 꼭두각시로서 존재하지 않겠다는 것을 여불위에게 분명히 밝히려고 했던 것이다.

「중부님, 이 후로는 후궁 출입을 삼가십시오.」

「무, 무슨 일 때문입니까?」

여불위는 당황하지 않을 수 없었다.

「혈연에 기대지 마시오.」

「옛, 혈연이란?」

「나는 그대를 말하는 거요.」

정은 딱 잘라 말했다.

「그렇다면…….」

여불위는 자기 귀를 의심했다. 정이 자기 출생의 비밀을 알고 있다니? 꿈에도 생각하지 못한 일이었다.

여불위는 전신에 땀이 흐르는 것을 느꼈다.

이제부터 여불위는 숙청되지 않도록 몸을 조심해야 했다. 숙청의 위기를 모면하려면 한시라도 빨리 전에는 애첩이었고 지금은 모태후가 되어 있는 그 여자에게서 멀리 떨어져야 했다.

그러나, 그녀는 다정(多情)하다. 웬만한 일이 아니고는 정부를 놓으려고 하지 않을 것이다. 모태후의 정열은 정신적인 것은 아니었다. 육체의 욕망이 그녀를 괴롭히고 있는 것이다. 그렇기에 정부는 반드시 여불위가 아니라도 된다. 대역(代役)을 만들어 그녀에게 붙여 주려고 했는데, 그 때 생각난 것은 대음(大陰)이라는 노애(嫪毐)라는 사나이였다. 대음이란 남성의 상징이 지극히 크다는 뜻이다. 육체적인 욕망에 사로잡혀 있는 모태후에게는 이러한 사내면 충분한 것이다.

여불위는 돈의 힘으로 노애를 자기의 사인(舍人)으로 했다. 사인이란 개인적인 부하를 말한다. 거근의 소문이 모태후의 귀에 들어가면 그녀는 그 사나이를 탐하리라고 생각하고, 될 수 있는대로 근사한 소문이 나도록 꾸몄다. 그래서, 그의 옷을 벗기고 발기가 된 거근에 오동나무로 만든 수레바퀴를 끼고 걷게 했다. 오동나무는 가볍다고는 해도 남근이 웬만한 힘이 아니라면 떨어지고 만다. 거근인 동시에 지속성도 대단하다고 하여 소문이 널리 퍼졌다.

수레바퀴를 들어 올리는 노애의 소문은 예상한대로 모태후의 귀에 들어갔다. 어느날 그녀는 여불위를 불러 이렇게 말했다.

「당신 부하 중에 노애라고 하는 자가 있는 모양인데, 그 자를 제게 양보 해 줄 수 없으세요?」

「나와 같은 상국이나 재상같으면 몰라도 보통 사나이는 후궁에 들어오지 못하오.」

여불위는 곤란한 표정을 지었다. 마음속으로는 쾌재를 부르면서….

「그 점을 어떻게 잘 해 주세요. 부탁이예요. 당신은 상국이잖아요. 웬만한 일은 어려울 것이 없지 않아요.」

모태후는 뜨거운 입김을 여불위의 가슴에 토해 내면서 그렇게 말했다.

「어렵기는 하지만.… 아무튼 생각해 봅시다.」

여불위는 그렇게 대답했지만 방법은 이미 생각해 두었다.

황제와 재상 이외의 남성은 후궁에 들어갈 수 없지만 예외는 있었다. 사내라고 불러서 좋을지 어떨지 알 수 없지만, 남성의 기능을 상실한 사나이 환관(宦官)에게는 허락되었었다.

「환관으로 해서 드릴테니 사용하도록 하시오.」

하고 여불위는 말했다.

「그렇게 되면 아무 쓸모가 없는 것 아네요.」

모태후는 입술을 내밀었다.

거근의 사나이라니까 자기의 침대에 부르고 싶은 것이지, 그 사나이가 환관이라면 쓸모가 없었다.

「아니오. 이유를 붙여 그를 궁형(宮刑)에 처하는 것으로 하되 실제로는 그냥 두는 것이오. 그렇게 하면 표면상으로는 환관이니까 후궁에서 상관이 없을 것이오.」

「호호호, 과연 상국은 지혜 주머니로군요!」

모태후는 손뼉을 치며 좋아했다.

사내라면 출입도 못하는 후궁에서 모태후와 환관과의 부부생활이 시작되었다.

왕의 어머니의 정부가 된 노애는 대단한 권력을 쥐게 되었다.

「호오, 이건 참 재미있군. 지금까지 잘난 체 하던 자들이 이제는 내 앞에서 굽실굽실하고 있단 말야. 참으로 재미있는 일이군.」

이 가짜 환관은 비로소 알게 된 권세의 매력에 정신을 잃고 말았다. 권력의 사용 방법을 모르고 있기 때문에 그것을 휘두르기만 하고 멈출 줄을 몰랐다.

상국인 여불위도 가짜 환관을 후궁에 넣은 터라 무슨 일에서나 노애의 편의를 보아 주었고, 마침내는 이 가짜 환관은 후궁 관계의 모든 것을 결재할 수 있을 정도의 세력을 가지게 되었다. 왕이 어렸을 때에는 인사권의 대부분을 후궁에서 쥐고 있었는데, 그 후궁에 군림했으니 노애는 관리의 임명을 마음대로 할 수 있었다. 출세하려는 자들은 그의 집에 출입하며 금품을 보내고 아첨을 했다. 그의 집에는 하인이 수천 명이나 되었다. 이것은 여불위 다음의 제 2의 실력자가 된 것을 의미한다.

여불위는 문신후(文信侯)에 봉해졌지만, 노애도 장신후(長信侯)의 칭호를 얻었다. 산양(山陽)의 땅을 받고 제후가 된 것이다. 여불위는 점점 두려움이 커갔다. 이대로 가다가는 앞으로 무슨 짓을 할지 모른다. 여불위는 후회했다. 노애는 언제나 보라는 듯 행동했고, 여불위는 조마조마해지는 마음을 어쩔 수 없었다.

(돌이킬 수 없는 사태에 이르기 전에 손을 써야 되겠구나.)

여불위는 노애를 제거해야겠다고 생각했다. 여불위는 노애를 고발하기로 했다.

고발을 하는 것도 자신이 다치지 않도록 철저한 예방책을 마련해야 한다. 노애가 문초를 당한다면, 그를 천거한 것이 여불위였다는 것이 분명히 밝혀질 것이다. 게다가 궁형(宮刑)을 받지 않은 배수에 의한 것이라는 대죄가 탄로 날 위험도 있다. 노애를 재판에 걸어서는 안 된다. 그러기 위해서 그를 고발함과 동시에 그에게 위험하다는 것을 알려주어야 했다. 그는 어이없이 체포당하기 보다는 내란을 일으키려고 할 것이 틀림없다. 아니 그렇게 하도록 만들어 놓자. 지금 노애는 수만은 사병을 움직일 수 있는 힘이 있다.

내란 진압의 싸움으로 노애가 죽어버린다면 이 사건은 그것으로 끝나게 될 것이다.

여불위는 곧 계획을 세우고 실행했다.

진은 법률 제일주의의 국가이고 보니, 고발을 하려면 확실한 증거가 있어야 한다. 그러나, 증거는 넘칠 정도로 많았다.

후궁에서의 동거생활로 모태후는 두 아이까지 낳고 있었다. 물론 미망인인 모태후가 내놓고 아이를 낳지는 못한다. 배가 부르게 될 때쯤해서 점장이를 매수해 가지고 이렇게 말하게 했다.

「현재의 장소는 방수가 나빠서 재앙이 있을 것이지만, 잠시 옹(雍)의 방향으로 옮겨 앉는 것이 좋겠습니다.」

옹은 수도 함양의 서쪽, 현재의 섬서성 봉상현으로, 당시 진의 별궁이 있었다. 모태후는 거기서 아이를 낳고, 태연하게 다시 함양의 궁전으로 되돌아 오는 것이다. 이 두 아이가 산 증거였다.

「노애는 표면으로 환관이지만 실은 궁형을 받지 않았소. 태후와 간통을 해서 두 아이를 낳고, 언젠가는 현재의 왕을 폐하고, 그 아이들 중 하나를 왕으로 하려고 기도하고 있소.」

이렇게 여불위의 부하 한 사람이 고발했다.

허위의 고발을 한 자는 중죄를 받게 되어 있었기 때문에 대단한 각오가 없이는 이런 중대사건의 고발은 할 수 없었다. 노애 쪽에도 여불위의 부하가 이렇게 알렸다.

「태후와의 일, 그리고 두 도련님의 일도 탄로났소. 진왕은 당신을 주살하려고 계획하고 있소. 멀지 않아 제사 지내러 옹으로 가시지만, 그것은 군사를 모으기 위한 수단이라더군요.」

아무리 왕이라 해도 수만의 사병에 둘러싸여 있는 장신후를 체포하는 것을 그렇게 손쉬울 일이 아니었다. 수도에서 군사를 모으면 상대에게 눈치채일 염려가 있다. 옛날부터 이러한 때에는 제사나 사냥을 빙자해서 일단 수도를 떠나 지방에서 군사를 모으는 방법을 사용했다.

「음, 어떤 놈이 밀고를 했는가?」

장신후 노애는 이를 갈았다. 남근만 클 뿐 아니라 이 사나이는 배짱도 세었다.

「어떻게 하시겠습니까?」

이렇게 측근이 묻자, 장신후는 히죽 웃으며,

「물어볼 것도 없다. 날보고 얌전히 포승을 받으란 말이냐? 저 쪽이 시작하기 전에 내가 먼저 시작하는 것뿐이다.」

이렇게 대답했다.

그는 태후의 인새(印璽)를 찍은 동원령을 내렸다.

이것은 진왕 정의 9년의 일이며, 정은 그 때 22세가 되어 있었다. 그러나, 지금까지 연소하기 때문에 태후의 인새도 왕의 옥새와 같이 사용해 왔었다. 그랬기 때문에 태후의 인새로도 군사를 동원할 수 있었다. 그러나, 표면에 나서진 않았지만, 여불위는 미리 왕인 정에게도 노애의 움직임을 알려 주었다. 그래서, 정은 미리 태후인 인새를 찍은 동원령은 무효임을 전군에 전해 놓고 있던 것이다.

그러나, 장신후는 사병단을 데리고 있었다.

옹의 남쪽에 있는 별궁인 근년궁(蘄年宮)에서 옹거하고 모반의 군을 일으킨 것이다. 진왕 정은 대군을 투입했다.

「아차 속았구나!」

장신후는 신음했다. 누가 미리 정에게 자신의 모반계획을 알려준 것만은 눈치챌 수 있었다. 그러나, 누가 했는지는 이 거근의 괴인은 거기까지 알 수 없었다.

장신후 토벌을 지휘한 것은 창평군(昌平君)과 창문군(昌文君)이었고, 반란군은 곧 흩어져 패주했다. 그의 시체는 차열의 형에 처해졌다.

「차열(車裂)의 형에 처하기 전에 그 자의 옷을 벗기고 벌거숭이로 만들어라.」

진왕 정은 그렇게 말했다. 대역죄인을 온 국민에게 보이기 위해 그렇게 하는 것이었지만, 진왕 정은 그 전에 장신후의 시체를 검사했다. 환관으로서 있어서는 안 될 물건이 그 시체에 붙어 있었다. 그 이상의 증거는 없었다. 사건 처리는 지극히 엄했지만 차마 자기 어머니만은 죽이지 못하고, 옹의 별궁에 유폐시키기로 했다.

태후가 비밀리에 낳은 두 아이도 발각되어 죽었다.

역수가(易水歌)

(이제 화근의 뿌리를 없앴다.)

여불위는 그렇게 생각하고 일이 각본대로 진행된 것을 기뻐했다.

그는 장신후 노애의 사병 중에도 심복자를 잠입시키고 있었다. 도망갈 때에 장신후를 벤 것은, 잠입시키고 있던 여불위의 부하였던 것이다. 여불위는 그 사나이에게,

「그 대음(大陰)의 최후는 어떠했는가?」

하고 물었다.

「칼을 맞았을 때 알았다! 너는 문신후 여불위의 부하구나, 하고 신음하듯 중얼거렸습니다.」

그 사나이가 대답했다.

「그리고 가냘픈 목소리로 뭔가 중얼거렸습니다.」

「무엇이라고 하던가?」

「저를 노려보면서, 〈여불위는 너를 나에게 잠입시켰지만, 여불위에게도 진왕이 사람을 잠입시키고 있을 것이다. 돌아가면 너의 주인에게 그렇게 말하라.〉 이렇게 말하고 숨이 끊어졌습니다.」

「흠, 그런 말을 했단 말이지?」

여불위는 약간 머리를 끄덕였다. 웃을 일이 아니었다. 상대를 어린 아이로만 생각하고 있었는데, 이미 20세가 넘은 청년이다.

(위험하다.…)

과연 산전수전 다 겪은 여불위이다. 몸의 위험을 느끼자 곧 대책을 강구했다. 그의 특기인 매수 공작을 펴서 왕의 측근에게,

〈지난번의 노애의 사건으로 여불위는 상국으로서의 책임을 통감하고 근신하고 있습니다. 옆에서 보기에도 딱할 정도입니다.〉

이렇게 말하게 했던 것이다.

한 사람이나 두 사람이 아니었다. 왕의 주위에 있는 자가 대부분 여불위를 펀드는 발언을 했다.

젊은 진왕 정은 울적한 듯, 그 길게 찢어진 눈을 감고,

「그처럼 책임을 통감하고 있다면 상국의 자리를 그만 두어야겠지.」
하고 말했다. 이 한마디로 여불위는 상국의 자리에서 떨어진 것이다. 여불위는 하남의 저택에서 쉬면서 장래의 계획을 천천히 생각하기로 했다. 맥없이 추방된 것 같은 느낌이 들었다. 하지만, 여불위란 인물이 그렇게 바보가 아니라는 것을 젊은 국왕에게 알려 주어야 했다. 수도에서 꽤 멀리 떨어져 있는 장소이기 때문에 웬만큼은 대담한 언동이 있어도 국왕은 어떻게도 할 수 없을 것이다.

여불위는 근신해야 할 몸인데도 제후들의 사자나 빈객들과 끊임없이 만났다.

진왕 정은 하남으로 추방된 여불위의 언동에 관한 보고를 하나도 빠짐없이 듣고 있었지만, 그 표정에는 변화가 없었다. 이 표정없는 젊은 왕의 속마음을 알아낸다는 것은 대단히 어려운 일이리라.

그러나, 이사는 청년왕 정의 속마음을 웬만큼은 읽었다.

이사는 원래 문신후 여불위의 가신이었다. 그러다가 발탁되어 왕의 측근으로 일하고 있었다. 예전의 은혜를 생각해서 이사도 여불위를 위해 한마디 조언을 했다.

「여불위는 유능한 인물입니다. 그를 버리는 것은 대단

히 아까운 일입니다.」

그러나, 왕은 무표정한 얼굴로 대답했다.

「이사, 그대 한 사람으로도 여불위의 대역을 훌륭히 해 낼 수 있다.」

무표정하게 보였지만, 이사는 왕의 속마음을 짐작할 수 있었다.

(늙은 여불위보다는 이사 쪽이 이제부터는 더 필요하 다.)

그러나, 이사 역시 왕의 마음 속 깊숙한 곳까지는 알 수 없었다.

정은 소년 시절부터 자기를 조종하려는 사람을 가끔 만났다. 그 때마다 그는 몹시 심하게 반발했다. 그러면, 상대의 그와 같은 의사는 대개 물리칠 수 있었다. 열세 살에 왕이 된 후 그는 자기를 조종하려고 하는 세력을 차례차례 부숴버리면서 지내 왔다. 10년이 지난 지금은 여불위 단 한 사람만이 남았다. 그런데 이 여불위와는 깊은 혈연관계가 있다. 이중으로 그를 속박하고 있는 존 재가 아닌가?

그런 존재를 없애지 못한 것은 아직까지 그를 대신할 인물이 없었기 때문이다. 그러나 지금은 사정이 다르다. 어떻게 해서 그를 없애는가? 문제는 그 방법뿐, 이미 그러한 단계에 있었다.

재능 지상주의(才能至上主義).

이것은 위험한 요소를 내포하고 있다. 동일한 길에서 뛰어난 재능의 소유자가 출현하면 지금까지의 사람들은 곧 쓸모가 없게 된다. 여불위도 그와 같았다. 젊은 능력자가 많이 자라서 그는 이제 진에서 별로 쓸모없는 존재가 되었다.

젊은 군주의 주변에는 젊은 인재들이 모여든다. 무장들도 마찬가지였다. 한 시대 전에는 백기(白起)라고 하는 명장이 있었지만, 그 후 왕전(王翦)이 진군의 중심인물이 되었다. 그 아들인 왕분(王賁)도 이제 서서히 두각을 나타내고 있었다.

또한 몽오(蒙驁)의 아들인 무(武)와 염(恬)등이 제1선에 나서려고 하는 때였다. 이들 젊은 인재들은 후에 시황제가 되는 진왕 정이 가볍게 움직일 수 있는 인물들이다. 정은 젊은 장군들을 불러 이렇게 말했다.

「규모가 큰 연습으로 생각하고, 작전계획을 세워 진형을 구상해 보아라.」

「어디를 공격합니까?」

젊은 몽염이 나서며 물었다.

「하남이다. 문신후 여불위를 공격한다.」

여불위는 체념한 듯 독을 마시고 죽었다.

죽기 전에 그는 두 손으로 얼굴을 감싸고,

「저 젊은 왕, 대견스럽다...... 천하 통일을 이 눈으로 보지 못해서 애석하지만, 골육의 싸움을 보지 않고 끝나는 것이 다행이다.」

이렇게 중얼거리고 죽었다.

진왕(秦王) 정(政)은 자유로워졌다. 여불위라는 존재가 사라지자 이제 그를 속박하는 자는 없다.

(나는 누구의 뒤를 계승하는 못난 인간은 아니다. 스스로 창조해서 그것을 후세에게 전해 주는 사람이다.)

그는 정통의 상속인은 아니었다. 그렇기에 더욱 창조자가 되려고 했다. 진왕이란 지위는 잠시 빌린 발판에 불과했다. 어떻게 해서든지 천하를 통일한다. 정은 굳게 마음속으로 그렇게 다짐했다.

젊은 왕의 이러한 생각은 그가 등용한 참모들에게 영향을 주었다. 현실적 합리주의는 젊은 신진 관료들만이 아니라, 노련한 대신이나 장군들 사이에도 침투되었다. 왕의 의향에 맞추는 것이 가신들이 살아남기 위한 길로 어쩔 수 없었다.

왕전 장군은 군대를 새로이 편성하여 쓸모없는 병력을

정리하고 소수 정예의 군단을 만들었다. 이것은 왕의 실리주의와 부합되었다.

「음, 참 잘했다.」

왕전은 유능한 장군으로서 왕이 좋아하는 군대 편성을 하고, 지금까지 공격을 하고도 성공하지 못했던 조나라의 업(鄴)과 알여(閼與)의 두 성을 간단하게 깨뜨릴 수 있었다. 새 군단의 위력이었다.

(무서운 사람이다.)

그 이후 왕전은 은근히 왕을 두려워했다. 젊었다고 해서 가볍게 대하지 못했다.

진왕이 버린 것은 낡은 관습, 쓸모없는 인간들뿐이 아니었다. 자기가 세운 방침에 거역하면 아무리 유능한 인재라도 가차 없이 제거하였다.

「그들에게 공이 없는지는 모르겠습니다만, 세습(世襲)의 장병입니다. 그들의 아버지, 그들의 할아버지에게는 공이 있습니다. 그런데 그들을 쫓으면 우리 진군 장병은 자손을 위해 공을 세울 수 없으며 전의를 상실하게 됩니다.」

진왕은 그 말이 마음에 들지 않았다. 조상의 공적에 의지하려고 하는 자세가 그의 눈에는 고쳐야 할 것으로 비쳤다. 진왕은 찡그리고 물었다.

「조상이란 그처럼 고마운 것인가?」

「예, 그처럼 고마운 것은 없습니다.」

번어기는 그렇게 대답하고 머리를 숙였다.

(이 사나이를 죽여야겠다.)

진왕은 이 때 그렇게 결심했다.

(목숨이 위험하다.)

번어기는 순간적으로 그렇게 판단했다. 집으로 돌아가면 포리들이 이미 대기하고 있을지 모른다. 번어기는 궁전을 퇴궐하는 즉시 심복인 증걸(曾乞)을 찾아갔다.

「웬일이십니까? 번장군!」

증걸이 놀라며 물었다. 증걸은 몸집은 크지만 입모습이 헤 벌어지고 얼빠진 사람처럼 보인다. 그러나, 빈틈없는 인물이었다. 숨겨진 심복으로는 안성마춤의 사나이였다.

「잠시 동안 숨겨주기 바라네…. 아무 일도 아닐지 모르지만, 아무튼 우리 집 형편을 좀 알아봐 주게. 가능하다면 처자를 데려다 주었으면 좋겠네.」

하고 번어기는 부탁했다. 하지만, 이미 때는 늦었다. 포리는 벌써 번어기의 집으로 몰려가서 장군의 가족들을 모조리 붙잡아 갔다는 것이다. 흐느끼는 소리가 그의 폐부에서 들려왔다.

「이 원한은 언젠가 꼭 갚고야 말 것이다!」

「슬픔은 이제 돌이킬 수 없는 현실입니다. 잠시 은인자중 하십시오. 더욱이 복수를 맹세한 이상 몸을 조심하셔야 합니다. 지금 장군의 실종으로 대대적인 수색이 행해지고 관문이란 관문은 모두 엄중하게 경계하고 있습니다. 열기가 식을 때까지 이 곳에 머무르셔야 합니다.」

하고 증걸이 말했다.

눈물을 닦고 난 번어기는 타는 듯한 눈길을 낮은 천장으로 향했다. 열기가 식을 때까지 기다리기로 했지만, 그 열기가 좀 체로 식지 않았다. 진왕 정은 그렇게 단념이 빠른 인간이 아니었다. 옆으로 길게 찢어진 눈에 감정이라곤 전혀 나타나지 않았지만, 정의 마음속의 분노의 불길은 좀 체로 가라앉지 않았다.

(무엇이 그렇게 미운가?)

조상들의 이야기도 물론 마음에 들지 않았다. 그보다도 재빨리 자기의 마음을 알아챈 번어기의 기지를 용서할 수가 없었다. 그것은 정의 자존심에 큰 상처를 준 것이다.

「절대 관문의 경비를 늦추지 말라! 인원도 늘려라!」

아무리 참고 기다려도 열기가 식을 것 같은 징조는 보이지 않았다.

「곤란하게 되었습니다. 일단 진에서 도망치시는 것이 좋을 텐데, 관문이나 국경선의 수색이 이렇게 엄중해서는….」

하고 증걸은 머리를 흔들었다.

「그렇게도 엄중하게 경계를 하는가? 무슨 방법이 없을까?」

「예…. 약간의 모험이기는 하지만 한번 해볼만하다고 생각합니다.」

증걸의 대답이다. 증걸은 항간의 소문을 이것저것 생각하며 해결책이 될 수 있는 한 사람의 이름을 머리에 떠올렸다.

연(燕)나라에서 인질로 진에 와 있는 사나이였다. 지금의 연왕은 희(喜)라는 인물로, 태자인 단(丹)이 인질로 진에 머물러 있었다.

전국의 왕족의 비극으로 단도 지금까지 이곳저곳 인질로 보내어졌다. 어렸을 때 그는 조나라 수도 한단에 인질로 잡혀 있었던 때가 있었는데, 진왕 정은 인질의 자식으로 단과 마찬가지로 한단에서 자랐었다.

진왕 정과 연의 태자 단과는 따라서 소꿉친구였던 것이다. 연왕은 태자 단을 진에 보내면서,

(옛날 사이가 좋았던 친구이니 잘 될 것이다.)

하는 생각을 했다.

그러나 이 생각은 빗나갔다. 소꿉친구라는 것을 빙자한 단의 태도가 지나치게 무례했다.

(지금의 나는 진의 왕이다. 한단 시절의 그 인질의 자식과는 틀리다. 그런데 뭐냐. 태도는 마치 친구를 대하듯 하니 말이다.)

젊은 정은 화를 냈고, 그것이 다시 단에게도 전해져서 단도 화를 내게 되었다.

(뭔데 뽐내는 거냐. 한단에서는 한 개의 만두를 나누어 먹던 사이가 아니냐? 출세하더니 그 순간부터 어릴 적의 친구를 잊어버리고….)

연에서 인질의 교체를 요청해 왔을 때, 정은 그것을 승낙하지 않았다.

「역시 단이 인질로 남도록 하라. 다른 인질은 필요없다.」

귀국하면 태자로서 연나라의 후계자가 될 단이었다. 그런 단을 계속 붙잡아 둔다면, 그동안 다른 왕자가 후계자로서 세력을 키울 것이다. 정의 이 조치는 분명히 단을 괴롭히는 일이었다. 정은 그것을 노리고 있었다.

「음, 두고봐라. 진을 탈출할 테다.」

술을 마시면 단은 그런 말을 입버릇처럼 하는 모양이

었다. 함양의 우물가에서는 여자들 사이에서 그런 소문이 심심치 않게 나돌고 있었다.

어느 날, 증걸은 단을 뜰로 유인해 내어,

「어떻소. 절호의 기회가 아니오?」

은근히 목소리를 낮추어 이야기했다.

「무슨 말이오?」

「이 나라에서 탈출하는데 지금이 두 번 다시 없을 좋은 기회라고 생각되는군요.」

「그런 말씀 마시오. 번어기 장군이 모습을 숨긴 이후, 관문의 경비는 평상시보다도 더욱 엄중하지 않소?」

「그 엄중함은 번장군에 한해서요. 관문의 관리들은 번장군에게만 온 신경을 쏟고 있소.」

「그 이야기를 좀 자세히 들어보세.」

단은 주위를 돌아보고 속삭였다.

그 후 몇 번인가 숙의를 하더니, 단은 증걸의 계획대로 간단히 진에서 탈주하는데 성공했다. 하지만, 진의 당국에서는 그것을 모르고 있었다. 얼마 후,

(연의 태자 단의 출국을 엄중히 경계하라.)

이처럼 추상같은 명령이 내렸다. 이번에는 관문의 관리들 머리에는 단으로 가득 차 있었다.

「자, 이번에는 장군의 차례입니다.」

　인질 실종으로 관문은 법석을 떨고 있었지만, 관리들의 온 신경은 단에게 집중되어 있었기에 번어기도 쉽게 국경을 넘을 수 있었다. 망명자 번어기가 머무를 곳은 국왕은 고령이고, 실권은 새로 귀국한 태자에게 쥐어진 연나라였던 것은 당연한 일이다. 증걸이 미리 부탁했던 것이다.

　연(燕)은 현재의 북경을 중심으로 한 하북성 북쪽이니, 진에서는 상당히 떨어져 있었다. 그 연의 태자 단이 진에서 탈출하여 귀국한 것은 연왕 희(喜)의 23년의 일이다. 진에서는 그 전년에 한비자가 독을 마시고 죽었으며, 다시금 2년 전에 여불위가 죽었다. 단은 오랜 세월 인질 생활로 심사가 편 칠 못했다.
「정이란 놈, 이제 눈을 뜨게 해 주겠다.」
　함양에서 인질로서 진왕에게 창피당한 것을 생각할 때마다 단은 그렇게 중얼거리고 험악하게 정을 욕했다. 아무리 그래도 연과 진과는 이미 국력에 큰 차이가 생겨 있었다.
　암살. 이것 이외에는 진에 대항하는 방법이 없을 듯 싶었다.
　어떤 계획이든 그것을 실행하는 인간이 있어야 한다.

어차피 목숨을 건 일이기 때문에 목숨 아까운 줄을 모르는 인간, 당시의 말로는 장사(壯士)라야만이 그 일을 맡길 수가 있었다.

(나는 고생을 많이 했으니 인간의 가치는 알 수 있고 인간 감정에는 어느 정도 자신이 있다.)

단은 그렇게 자부하고 있었다. 사실 그가 모은 10여 명의 장사는 모두 어느 정도 가능성이 있어 보였다. 그러나, 과연 큰 일을 맡기는데 적합한 인물인지 어떤지는 신중하게 고려해 볼 필요가 있었다.

일이란 무엇인가? 그것은 진왕을 찌르고 죽는 것이었다. 침착하고 또한 담이 크고, 그리고 지력을 겸비한 사람이어야 된다.

「그런 인물이 있을까?」

단은 태부(太傅)인 국무(鞠武)에게 물었다. 태부는 태자를 지도하는 선생이다.

「우리 연나라에는 전광(田光)선생이란 분이 있습니다. 알고 계십니까?」

하고 국무는 되물었다.

「이름은 들은 바 있는데, 그 전광 선생은 이미 고령이 아니오? 인물은 신뢰할 수 있다고 해도 체력이 문제 아니오?」

「그는 사람을 꿰뚫어 보는 안광을 가지고 있습니다. 대사를 밝히시면 적당한 인물을 천거하실 겁니다.」

「그렇다면 그 전광 선생을 소개해 주시오.」

이렇게 해서 전광은 처사(處士)의 신분이면서 태자 단의 부름을 받았다.

「국사를 의논하고 싶소.」

「삼가 받들어 모시겠습니다.」

「진은 날로 강해져서 관동으로 출병해 제·초·삼진(三晉)을 공격하고 제후들의 영토를 잠식하고 계속해서 우리 연으로 공격의 손길을 뻗으려 하고 있소. 진이 우리 연을 공격해 오면 보통의 방법으로는 막을 길이 없소. 아무리 생각해도 진왕을 찌르는 길밖에 없소. 의논하고 싶은 국사란 바로 이것이오.」

단은 전광과 단 두 사람만이 되자 진왕 암살의 뜻을 비쳤다. 전광은 대답했다.

「저는 이미 늙었지만 나라의 위급한 사정을 모르는 체할 수 없는 일입니다. 저에게 형가(荊軻)라고 하는 젊은 친구가 있는데, 이 사람이야말로 적당한 인물이라고 생각되는군요.」

「곧 그 형가를 만나 보겠소. 소개해 주시겠소?」

「예, 소개해 드리지요.」

전광은 그렇게 대답하고서 태자의 궁전에서 물러나왔다. 단은 문까지 배웅을 하고 말했다.

「오늘의 이야기는 극비이니 외부에 누설되지 않도록 부탁하오.」

「명심하겠습니다.」

전광은 그렇게 말하고 웃으면서 예를 드렸다. 형가는 위(衛)의 사람이었지만 조상은 제의 사람이었다고 한다. 형가는 책을 읽으며 격검을 즐겼다. 결코 장사풍의 거칠고 난폭함이 없었다. 오히려 그는 타인과의 싸움은 될 수 있는 한 피하고 있었다.

형가는 가슴 속에 격정을 간직하고 있었는데, 그는 그것을 소중히 했다. 헤아릴 수 없는 무한한 힘을 가진 각별한 것으로 믿고 있었던 것이다. 때문에 쓸모없는 싸움이나 논쟁으로 그 소중한 것을 분출하지 않았던 것이다.

그렇다고는 하지만 격정을 언제까지나 간직해 둘 수만은 없었다. 가끔은 쏟아놓고 정화를 시키지 않으면 안된다. 형가는 가끔 노래를 부름으로써 격정을 쏟아냈다.

연으로 와서 형가는 두 사람의 친구를 얻었다. 한 사람은 고점리(高漸離)라고 하는 축(筑)의 명수이다. 축은 악기의 일종으로 현악기인데, 대를 가지고 현을 퉁겨서 연주한다.

또 한사람의 친구는 백정인 송의(宋意)라는 자였다. 형가는 이 두 사람의 친구와 연의 시장에서 함께 술을 마시고 함께 노래를 부르는 일이 적지 않았다.

두 사람의 친구 외에, 형가는 연에서 또 한 사람의 친구라기보다는 지기(知己)를 얻었다. 그가 바로 전광 선생이었던 것이다.

전광은 태자궁을 나오자 그 길로 형가를 찾아갔다.

「전왕을 암살하라는 것이네.」

형가의 얼굴을 보자 전광은 불쑥 말했다. 전광은 아주 간단하게 이야기를 줄여서 말했다.

「그래서….

「나는 늙었다고 대답했네.」

「대신할 사람을 추천했군요?」

「맞았네.」

「그것이 나라는 말이군요.」

「부탁하네…. 곧 태자궁으로 가길 바라네.」

「알겠습니다.」

두 사람의 주고 받는 말은 의논이 아니었다. 전광은 자기를 대신해 줄 것을 형가가 거절하리라고는 절대로 생각할 수 없었던 것이다. 그런데, 다음에 예기치 않은 일이 발생했다.

292 / 소설 孫子兵法(3)

처사라고는 하지만 당시의 〈사(士)〉는 칼을 차고 있었다. 전광도 형가의 집으로 들어올 때 자기 칼을 지팡이처럼 짚고 들어왔던 것이다. 노령인 그는 이미 허리가 구부러져 있었다. 이야기가 끝나자 전광은 지팡이로 짚고 있던 칼을 뽑아들고 칼날을 바라보면서,

「태자는 나를 문까지 전송하시며, 이것은 나라의 대사이니만큼 절대 비밀이라고 못을 박았네. 이런 일을 누설할 인간으로 생각했다는 것은 유감이네…. 여보게 형가! 태자를 만나거든 이렇게 말씀드려 주게…. 전광은 이미 죽었다. 그러니, 나라의 대사가 밖으로 누설될 염려는 없다고 말이네.」

그렇게 말했는가 싶더니 전광은 두 손으로 칼을 잡고 칼날에 목을 대고 앞으로 엎드렸다. 형가는 쓰러진 전광을 꼼짝않고 굽어보았다. 격정이 용솟음쳐 오르자, 그는 조용히 노래를 부르며 울음을 참아야 했다.

진은 먼저 가장 약소국인 한을 멸망시켰다. 한을 멸망시킨 후, 위를 뒤로 미루고 진의 주력은 조로 향했다. 장군 왕전은 조의 수도 한단을 함락시키고, 조왕 천(遷)을 포로로 했다.

다음은 연일 것이다.

　장군 왕전이 중산(中山)에 군사를 머무르게 하고 연으로 향하지 않는 것은 진왕 정이 한단으로 찾아와서 이런 말을 했기 때문이었다.

「나는 한단에서 꼭 해야만 할 일이 있다.」

　정은 그렇게 말하고 조로 향했던 것이다. 그의 어머니는 한단의 기녀였다. 어머니의 본집은 한단 사람들에게 멸시를 당하고 있었다. 열 살까지 한단에 있었던 정은 누구누구가 자기에게 심하게 대했는지 잊지 못했다. 그런 자들에게 보복을 해야 했다. 정이 한단으로 가려는 목적은 거기에 있었다.

　한단에서의 보복을 끝낸 후 진왕은 태원(太原)과 상군(上郡)을 돌아보고 나서야 귀국했다.

　이것은 한이 멸망한 2년 후의 일이었다. 모태후의 죽음도 진의 동쪽 진격을 어느 정도 지연시킨 이유의 하나가 될 것이다.

　조왕은 포로가 되었지만 공자(公子)인 가(嘉)는 일족 수 백명을 이끌고 대(代)로 가서, 나라를 세우고 대왕(代王)이라 불렀다. 공동의 적 진에 대해서 대왕은 연과 연합해서 진지를 굳힌 것이다. 연의 태자 단은, 암살의 기회는 지금이라고 생각하고 더 지연시킬 수 없었다.

　이 날을 위해 형가를 길러온 것이다. 형가는 상경(上

卿)으로서 연에서 최고의 대우를 받고 있었다. 매우 화
려한 집에 살며 거마(車馬)와 미녀는 마음 내키는 대로
였다.

　진의 장군 왕전은 마침내 군사를 움직여 연의 남쪽에
풍운을 일으키고 있었다.

　「진의 군사는 이제라도 역수(易水)를 건너 연을 유린
할 형세이오. 지금이야말로 일을 해야할 때가 온 것이
아니오?」

　「그러합니다. 지금이 진왕을 찌를 때입니다.… 그러나
진왕을 찌르기 위해서는 우선 진왕에게 면회를 허락받
아야 할 것입니다. 두 개의 물건을 진왕에게 헌상하겠다
고 말하면 면회를 할 수 있을 것입니다.」

　「두 개의 물건이라면?」

　「하나는 독항(督亢)의 지도입니다.」

　독항은 하북성 탁현의 동남으로 땅이 비옥한 지방이
다. 지도를 헌상한다는 것은 그 땅을 바친다는 것을 뜻
하는 것이다.

　「그리고 또 하나는?」

　「번어기 장군의 머리입니다.」

　「번장군의 머리?」

　단은 얼굴빛이 달라지며 되물었다.

「그 정도의 선물이라야만 진왕을 만날 수 있습니다.」

형가는 조용히 말했다.

「안돼! 그것만은 안 된다!」

단의 목소리가 갑자기 떨렸다.

그는 인정이 많은 사람이다. 진왕과 사이가 나빠진 것도 감정때문이었다. 품에 들어온 쫓기는 새를 죽인다는 것은 단으로서는 도저히 할 수 없는 일이었다.

「그러합니까?」

형가는 인사를 드리고 물러나왔다. 그러나, 그는 번어기의 머리를 단념한 것이 아니었다. 태자궁을 나와, 곧바로 번장군의 집을 찾아갔다.

「진왕에 대한 당신의 원한은 어느 정도입니까?」

「진왕은 우리 가족을 몰살하고, 내 목에 황금 천 근과 만 호의 식읍을 걸었소.」

「그 원한을 언제까지나 품고 살아가시렵니까?」

「방도가 있습니까? 원한은 골수에 사무쳐 있지만 언제나 그 원한을 풀 수 있을지….」

「진왕을 죽인다면 그 원한이 풀리겠습니까?」

「물론이지요.」

「하지만, 진왕을 죽이는 것은 쉬운 일이 아닙니다. 첫째, 그에게 접근하는 것이 어려운 일이기 때문에….」

「진왕은 신임하는 사람 이외는 절대로 접근시키지 않습니다. 그리고, 궁전에서는 정 이외는 무기를 가지는 것을 허락하지 않습니다.」

「무기를 숨기는 것은 그렇게 어려운 일이 아닙니다. 이미 방법을 세웠습니다. 문제는 어떻게 하면 진왕에게 면회를 허락 받을 수 있는가 하는 것입니다.」

「좋은 방법이 있소?」

「진왕이 가장 기뻐할 물건을 헌상한다면 면회가 허락되어 진왕 가까이 갈 수 있을 겁니다.」

「진왕이 가장 기뻐할 물건이란?」

「진왕이 가지고 싶어 애를 쓰는 것. 그것을 얻기 위해 황금 천 근과 만 호의 식읍을 현상으로 걸고 있는 것.…」

「앗…!」

번장군은 불현 듯 비병을 지르고 오른손을 자기 목 부근에 대었다.

형가는 움직이지 않고 장군의 표정을 살폈다.

장군의 얼굴에서 놀란 빛은 곧 사라졌다. 대신 기쁜 표정이 되어 말했다.

「음! 이 내 머리를 바치면 진왕은 기뻐서 누구라도 만나려 할 것이오..… 형가님, 용케 그것을 생각해 주었소. 고맙소. 이것으로 원한을 풀 수가 있게 되었소.」

「면회를 더욱 확실하게 하기 위해서 독항의 지도를 같이 바치려고 합니다.」

형가는 냉정한 표정으로 말했다.

이에 반해서, 번어기는 몸부림을 치듯 몸을 흔들었다. 너무나도 기뻤기 때문이었다. 복수의 방법을 마침내 찾아냈기 때문이다.

(이것은 내가 밤낮 절치부심(切齒腐心)하던 일이다. 이제 겨우 이루게 되었다.)

부심(腐心)이란 말은 여기서 출전(出典)되었다. 마음이 썩을 정도로 괴로워한다는 뜻으로 사용된다. 번장군은 스스로 목을 잘랐다. 태자는 그 소식을 듣자마자 장군의 집으로 가서 시체를 끌어안고 통곡했다.

차마 죽일 수 없었던 쫓기는 새였지만, 스스로 목숨을 끊었으니 이제 어찌해 볼 도리가 없는 일이다. 이제와서야 그 머리를 미끼로 사용해서 진왕의 목숨을 노리는 것만이 고인의 뜻에 부합하는 일이다. 번장군의 머리는 통에 넣어졌다. 태자 단은 이미 자객이 사용할 날카로운 비수를 준비해 두었었다.

날카롭기 그지없는데다가, 더욱이 그 비수는 진왕을 조금 스치기만 해도 목숨을 빼앗을 수 있도록 칼날에 맹

독을 칠하고서 죄인에게 시험해 보았다. 피 한 줄기도 흘리지 않고 절명했다.

형가는 냉정한 자객이었다. 물론 암살이라는 작업은 냉정하지 못하면 성공하지 못한다. 인간의 감정이 섞인다면 절대로 성공하지 못하리라. 이 일에서 물론 중요한 것은 그 동료이다.

「박색 뿐이다. 그 이외는 이 큰 일을 함께 할 수 있는 인간은 없다.」

형가는 초나라에 있는 박색(薄索) 이상으로 이 일에 적합한 사람이 없다고 생각하고, 사람을 보내어 불러오려고 했다. 그러나, 초나라는 멀다. 박색을 불러오는 데는 시간이 걸린다.

한편 단은 초조했다. 하루라도 속히 진왕을 찔러 죽이기를 원했다. 단은 형가에게 말했다.

「시간이 없소. 그대가 어떤 생각을 하는지는 몰라도 이 이상 늦출 수 없는 일이고해서 진무양(秦舞陽)에게 이 일을 맡겨볼까 하오.」

진무양은 연나라에서 유명한 용사였다. 열 세살 때 사람을 죽였다고 하니 보통 인물이 아니었다. 자객의 역할 정도는 할 수 있으리라고 단은 생각했다.

형가는 노했다. 자기 대역으로 진무양과 같은 그런 불

쌍한 자를 기용하려고 한다. 이것은 형가에게는 큰 모욕으로 느껴졌다.

형가는 어깨를 치켜 올리고,

「진무양 같은 자에게 이런 큰 일을 맞길 수는 없습니다. 저는 지금까지 동행할 친구가 초에서 오는 것을 기다리고 있었지만, 태자께서 더 이상 늦출 수 없다고 말씀하신다면, 이제 그 사나이를 기다리고 있을 수 없겠지요. 곧 출발하겠습니다.」

하고 말했다. 이렇게 해서 형가는 신뢰할 만할 박생을 기다리지 못하고, 진무양을 부관으로 해서 진에 가게 되었다.

형가의 출발에 있어서도 물론 역수 부근에서 연회가 베풀어졌다.

살아서 돌아오기를 기대할 수 없는 출발이란 것은 울적하지 않을 수 없다. 냉정하게만 보이는 형가도 사실은 이미 이야기한 것처럼 격정의 사람이었다. 그 격정은 노래로써 풀려나오기 시작했다.

「점리, 축을 쳐주게. 내가 노래를 한 곡 부르겠네.」

형가는 자리에서 일어나 고점리의 축에 맞추어 그 유명한 역수가(易水歌)를 불렀다.

바람은 소소하고 역수는 차다.
장사 한 번 가면 다시 돌아오지 못하리.

「자, 그럼 가겠네.」
짧게 이별의 말을 남기고 그는 마차에 올랐다.
 형가는 마차에 오른 다음 한 번도 뒤돌아보지 않았다.
 진의 수도 함양에 도착하자 진왕의 총신인 몽가에게
황금 천근을 보내며 진왕 알현을 부탁했다. 번어기의 머
리와 독항의 지도가 있기 때문에 예상한대로 진왕은 기
뻐하며 연의 사자와 만날 것을 허락했다.
 함양궁(咸陽宮).
 형가는 두 손으로 번어기의 머리가 든 통을 받들어 들
고 궁전의 낭하를 천천히 걸어갔다.
 형가의 뒤를 따르는 부사인 진무양이 독항의 지도가
든 상자를 받들고 따라왔다. 역시 진무양은 소인배였다.
상자를 든 손이 끊임없이 부들부들 떨리고, 얼굴은 창백
하고 입술이 바삭바삭 마르고, 발을 끌 듯 걸었다. 진무
양의 손떨림은 점차로 심해져갔다. 상자속의 지도가 달
가닥달가닥 소리를 내며 흔들리는 것까지 들렸다.
 「그대는 어째서 그처럼 떨고 있는가?」
 진왕이 앉아 있는 방 입구에서 근위 장교가 물었다. 너

무나도 태도가 이상했기에 의심한 것이다. 형가는 뒤돌아 보며 진무양에게 힐끔 눈길을 주고는 말했다.

「이 자는 북쪽 오랑캐의 시골 출신입니다. 지금까지 천자님을 뵈온 일이 없어 겁을 먹고 떨고 있는 것입니다. 부디 무례를 용서하시고 사자의 임무를 실수없이 다하도록 해주십시오.」

형가와 진무양은 진왕 앞에 안내되었다.

「무양이 가지고 온 지도를 보여다오.」

진왕 정이 형가에게 명했다. 형가와 진무양은 계단 밑에 무릎을 꿇고 있었다. 머리가 든 통과 지도가 든 상자는 제각기 옆에 놓아 두고 있었다. 형가는 다시금 부들부들 떨고 있는 진무양의 옆에 있는 지도 상자의 뚜껑을 열고 알맹이를 꺼냈다.

독항의 지도는 비단에 그려져 두루마리로 되어 있었다.

「연은 이 땅을 헌상하고 진의 신하로서 공물을 상납하고, 조상의 종묘를 지키는 일만 할 수 있기를 바랍니다. 그것을 증명하기 위해 번어기의 머리를 잘라 도항의 지도와 함께 바치려 합니다.」

형가는 그렇게 말하고 진왕의 앞에서 두루마리로 된 지도를 서서히 펼쳤다. 진왕은 눈을 가늘게 뜨고 그것을 보았다.

(지금 헌상하지 않더라도, 언젠가는 빼앗아 버리려던 땅이지만….)

그렇게 생각하면서, 그는 지도에 그려있는 산이나 강을 바라보았다. 두루마리의 끝부분에 비수를 숨겨두었다. 형가는 오른손을 뻗어 비수를 잡고, 왼손으로 진왕의 옷깃을 잡았다. 옷깃은 길었다. 지도를 바칠 때 될 수 있는 한 가까이 다가갔지만, 그래도 간신히 옷깃 끝을 잡은 것에 지나지 않았다. 오른손의 비수를 내찔렀다. 그러나, 진왕의 속옷은 두터웠다. 비수의 날은 몸에 닿지 못했다.

진왕 정은 놀라 몸을 뒤로 물리며 일어섰다. 옷깃을 형가가 필사적으로 붙잡고 있다. 진왕이 칼을 당기자 찍하고 비단이 찢어지는 소리가 나며 옷깃이 찢어졌다.

진왕은 기둥을 방패로 하고 빙글빙글 돌며 도망쳤다.

진의 법률로서는 왕의 궁전에 있는 신하들이 몸에 쇠붙이를 지니는 것이 금지되어 있었다. 궁전 아래에는 무장한 근위병들이 쭉 늘어서 있지만, 그들은 왕의 직접 명령이 없으면 궁전 안에 들어갈 수 없었다.

왕의 명령이 아니기 때문에 움직이면 후에 처벌을 받게 되는 것이다. 이 때, 시의(侍醫)인 하무차(厦無且)가

손에 들고 있던 약주머니를 형가를 향해 집어던졌다. 금
방 비수의 칼날이 진왕에게 닿으려는 찰라, 약주머니가
날아왔기 때문에 형가는 반사적으로 몸을 피했다. 이 짤
막한 순간에 진왕은 칼날을 피할 수 있었다. 진왕은 도
망치면서 칼을 뽑으려고 했지만 제대로 잘 되지 않았다.
　「대왕마마, 검을 등에 지십시오!」
　어느 신하가 다급하게 외쳤다.
　진왕은 그 말대로 해서 마침내 칼을 뽑을 수 있었다.
이렇게 되고 보면 짧은 비수와 긴 칼과는 승부가 되지
않는다. 진왕의 칼은 형가의 왼쪽 다리 가랑이를 베었
다. 형가는 쓰러지면서 손에 잡고 있던 비수를 진왕을
향해 집어던졌으나 빗나갔다.
　계단 밑의 진무양은 그 곳에 엎드린 채 부들부들 떨고
만 있었다. 진무양이 아니라 만일 저 초의 용사 박색이
었다면 형가가 진왕의 옷깃을 잡는 것과 동시에 앞으로
뛰어나가 도왔을 것이다. 그러나, 형가는 그것을 말하지
않았다. 기둥에 기대고 앉아 다리를 뻗은 그는,
　「일이 성사되지 못한 이유는….」
　분명히 최후의 말이었다.
　「죽이려고 생각했다면 문제없었다. 왕을 죽이지 않고
위협을 해서 지금까지 빼앗은 땅을 반환한다는 약속

을…. 받아 내려고 생각했기 때문이다.」

형가는 그렇게 말하고 계단 밑에 있는 진무양을 힐끔 돌아보고 힘없이 웃었다. 웃음소리가 멎는 것과 동시에 형가의 머리가 앞으로 푹 수그러졌다. 죽은 것이다.

돌발적인 사고에, 그렇게 건강하지도 못했던 진왕이 심한 움직임에 호흡이 흩어지고 현기증을 일으킨 것은 당연한 일이었을 것이다.

이 사건으로 진왕은 크게 노하여 조에 주둔하고 있던 진군의 수를 늘려 연을 토벌할 군사를 일으켰다. 사서 (史書)에는 형가의 사건이 진이 연을 토벌할 구실을 만들어 주었다는 식으로 기록되어 있다. 진군은 조로부터 북상해서 연을 공격했다. 진의 장군은 노련한 왕전이다. 이에 대해서 연은 망명 조왕 가의 지원을 받아 역수(易水)에서 방어진을 쳤다.

연은 역수의 서쪽에서 대패했다.

다음 해 연의 수도 계성이 함락되었다. 진은 군사를 일으켜 10개월밖에 싸우지 않았다.

연왕인 희와 태자인 단은 연의 정병을 이끌고 요동 땅으로 피신했다. 점령한 계성(桂城)에서 연왕과 태자를 뒤쫓아 추격한 것은 이신(李信)이라고 하는 젊은 장군이었다. 형가의 행위에 대해서 복수하지 않으면 안 된다.

형가가 연의 태자 단이 파견한 자객이라는 것은 이미 분명해진 것이다. 이신의 임무는 태자 단을 응징하는 것이지 요동의 연 망명 정권을 뒤엎는 일은 아니었다.

「태자 단이 역수를 건너옵니다.」

척후병이 그렇게 보고했다. 이신은 단의 행동이 무엇을 뜻하는지 알고 있었다.

「인원수는?」

「약 30기 정도입니다.」

「그럼, 2백기로 포위하라.」

이렇게 해서 태자 단은 역수에서 진군에게 붙잡혀 죽었다.

단을 죽이자 진군은 오래 머물러 있을 필요가 없다는 듯이 재빨리 철수해 버렸다.

진왕 정 21년의 일이다.

연의 망명 정권은 그리하여 4년 정도 생명이 연장될 수 있었다. 진은 그 무렵 초를 치느라 분주했다. 연의 망명 정권 따위를 일일이 대항해 줄 수 없었던 것이다.

천하통일(天下統一)

연을 함락시킨 진의 명장 왕전(王翦)은,

「신은 이제 늙었습니다. 늙은 몸이 군무를 감내할 수 없습니다. 바라건대 이만 물러 가게 허락하소서.」

하고 퇴직을 원했다.

「그래, 좋다. 편히 쉬도록 하라. 그대신 분(賁)에게 일을 맡기도록 하라.」

진왕도 쾌히 승낙했다. 왕전의 아들 분은 이미 한 몫을 하는 장군으로서 아버지가 연을 토벌하는 동안, 초에 원정하고 있었던 것이다. 초에서 돌아오자 이번에는 위(魏)를 쳤다. 그야말로 아버지의 몫까지 대신하는 느낌이었다. 왕분은 수공(水攻)으로 위의 수도 대량(大梁)을 함락시킬 수 있었다. 위왕인 가(假)는 항복하고, 여기서 위도 멸망했다.

이제 초와 제 두 나라만 남았다. 산동의 제는 진과 멀지만, 초는 진과 국경을 접하고 있다. 순서상 초를 토벌할 차례다.

진에서는 초를 형(刑)이라 불렀다. 진왕의 아버지의 이름이 자초(子楚)이기 때문에 초라는 자를 사용하지 않고, 그 나라의 별칭인 형으로 불렀던 것이다. 초는 강국이기 때문에 삼진(三晉 : 魏·韓·趙)이나 연처럼 쉽게 멸망시킬 수 없었다.

「초를 멸망시키려면 어느 정도의 군사를 준비하면 좋겠는가?」

진왕이 그렇게 묻자, 노장군 왕전은 잠시 생각하고 나서 대답했다.

「글쎄올습니다.… 아무래도 60만은 필요하지 않을까 생각됩니다.」

진왕이 태자 단의 목을 자른 이신에게도 같은 질문을 하자,

「20만만 동원하면 충분합니다.」

하고 역시 대답했다.

(역시 왕장군은 늙었구나. 전쟁에는 과감한 청년 장군

을 기용해야 돼 늙은이는 지나치게 신중해서 곤란하거든.)

진왕은 초를 토벌하는 전쟁에 청년 장군을 쓰도록 했다. 즉, 이신을 총사령관에 임명한 것이었다. 그리고, 몽무(蒙武) 장군의 아들 몽염(蒙恬)을 붙였다. 젊은이들로 수뇌진을 굳힌 셈이다.

동원한 병력은 이신의 말에 따라 20만이었다.

젊은 장군은 경험이 부족했다. 병법의 교과서 그대로 일은 되어질 것이라고 생각했다. 더욱이, 부분적인 전투에서 승리 하고는 그 전쟁에 승리한 것 같은 착각에 빠지는 것이다. 이신은 평여(平與)의 성을 깨뜨렸다. 이것은 현재의 하남성 여남(汝南)의 땅이다. 풋내기 장군인 몽염은 침구(寢丘)를 공격해서 이를 점령했다. 이 젊은 두 장군은 승리감의 기쁨에 들떠 성부(城父)에서 군을 합쳐 거기서 크게 술을 마시고 노래를 부르려고 했던 것이다.

확실히 진군은 강했다. 그러나 초군 측에서는 진의 젊은 장군을 승리에 취하게 하는 고등 전술을 펴고는, 어느 정도 여력을 남기고 후퇴한 것이다. 초군은 진군이 승리감에 도취되어 있는 사이에 사흘간의 낮과 밤을 이용해서 군을 이동시켰다.

승리감에 취해있는 진군을 향하여 초의 대군이 덮친

것이다.

모처럼 승전을 거듭하여 여기까지 왔는데, 초·진의 형세는 역전되고 말았다. 이 싸움에서 진은 일곱 사람의 군단장을 잃는 대참패를 당했다. 본국으로 도망쳐 돌아간 이신 장군은 진왕을 배알하고 상주했다.

「역시 병력이 부족했습니다.」

「20만이면 충분하다고 했지 않느냐? 도대체 어느 정도 있으면 되겠다는 말인가?」

「황공합니다. 경험이 부족한 신들이어서 숫자를 잘못 헤아렸습니다. 20만이라고 말씀드렸습니다만, 전장의 상태를 보건대, 3배는 필요하겠습니다.」

「3배.… 그렇다면 60만이란 말이군.」

진왕은 노장 왕전이 말한 숫자를 다시 머리에 떠올렸다.

「적어도 60만….」

꼭 들어맞는 병력이 아닌가? 진왕은 스스로 빈양으로 찾아가 은거생활을 하고 있는 왕전을 만났다.

「장군, 나는 그대에게 용서를 빌어야겠소.」

하고 정중하게 출전해 줄 것을 요청했다. 그러나, 왕전은 깊이 머리를 숙이면서,

「이렇게까지 말씀하시면 노신으로서도 거절할 수 없습니다.」

그러나, 저로선 초와 싸우는 데 아무래도 60만의 병력이
필요합니다.」

「알았소. 모든 것을 장군의 말에 따를 것이오. 그대의
어깨에 걸려 있는 것은 단지 나라의 운명이 아니오.」

「황공합니다.」

왕전은 머리를 숙였다. 진왕은 더 말없이 함양으로 돌아
갔다. 왕전에게는 싸우는 일만 맡기면 좋은 것이다. 진
왕은 초와의 대결에 진의 운명만이 아니라 천하통일이
이루어질 수 있겠는가 없겠는가, 그것을 시험해 보려는
것이다.

진왕은 60만의 진군을 이끌고 싸움터로 향하는 왕전을
패수(覇水)까지 전송했다. 길을 가면서 왕전은,

「늙어서 싸움터로 나가는 신을 가엾이 여겨주소서. 이
번 전쟁이 끝나면 좋은 전답과 저택, 정원 등을 받고 싶
습니다. 엎드려 부탁드립니다.」

하고 진왕에게 보수를 요구했다.

「장군, 무엇을 걱정하오, 섭섭하게 하지 않을 것이니
안심하고 가도록 하오.」

하고 진왕은 말했다.

「아닙니다. 안심이 되지 않습니다. 장군으로서 지금까
지 공이 있어도 봉후가 된 사람은 없습니다. 지금 대왕

께서는 신에게 기대를 걸고 계시니, 신으로서는 보수를
조르는데 있어 다시없는 좋은 기회이기에 이렇게 애걸
하는 바입니다.」

왕전은 끈질기게 졸랐다. 진왕은 큰 소리로 웃었다.

「웃지 말아 주소서.」

노장군은 골똘히 무엇인가를 생각하다가 말했다.

「이와 같은 기회라도 없다면 자손들을 위해 아무것도
남길 수 없어서….」

「좋아, 함양으로 돌아가서 그대에게 하사할 전답과 저
택을 결정짓겠다.」

「대단히 감사합니다. 황공하오나 선처해 주십시오.」

왕전은 몇 번이나 머리를 숙였다.

(나이를 먹으니까 초라해 지는구나.)

진왕은 마음속으로 쓴웃음을 지었다. 그러나 왕전이
이처럼 보수를 조르는 것은 결코 노령에 의한 몰염치가
아니었다.

왕전은 함곡관에 도착했지만, 거기서 다섯 번이나 급
사를 함양으로 보냈다. 하사한 전답과 저택의 장소, 크
기 등에 대해서 확인을 하려는 것이었다. 왕전의 비서를
하고 있던 친척인 젊은 사람이 눈썹을 찡그리고,

「장군, 지나치다고 생각되오. 조르는 것도 한도가 있지

지나치면 대왕이 기분을 상하실까 염려됩니다.」

하고 간했다.

「기분을 상하실 정도로 끝나면 그것으로 다행한 일이다.」

하고 왕전은 중얼거리듯 말했다.

「무슨 말씀입니까?」

젊은 비서가 물었다.

「내가 지휘하는 60만은 진의 전 병력이라 해도 과언이 아니다. 지금 왕에게는 병력이 남아 있지 않다. 내가 만일 이 곳에서 되돌아가 진을 친다고 하면 왕은 막을 수 없다. 왕이 나를 의심하기 시작한다면 끝이 없다. 왕의 의심을 받게 되면 내 목숨이 위험하다. 60만의 군사를 가지고 있어도, 언제 함양에서의 밀사가 나를 주살하라는 왕명을 전해올지 모르는 일이 아니냐? 지금 내게는 왕에게 의심을 받지 않는 것이 무엇보다도 중요한 일이다. 그 때문에 끈덕지게 조르는 것이다. 그렇게 열심히 애를 써서 손에 넣은 좋은 전답과 호화로운 저택, 큰 정원이 있으면 결코 모반같은 것은 일으키지 않으리라고 생각할 것이다. 내가 창피한 소문도 무릅쓰고 끈덕지게 조르면 조를수록 왕은 안심할 것이다. 나는 의심을 받고 죽음을 당하느니보다는 미움을 받아도 살고 싶기 때문이다.」

왕전은 가르쳐 주듯이 젊은이에게 말했다.

초나라는 넓다.

이 나라를 평정하려면 상대에게 숨 돌릴 틈도 주지 않고 일사천리로 일을 끝내야만 한다. 그는 젊었을 때 재목 상인들이 산에서 베어낸 재목을 강물을 이용하여 아래쪽에 있는 도시로 운반하는 방법을 보고 그것을 병법에 적용했었다. 그 강물은 흐름이 느리고 물의 양도 그렇게 많지가 않았다. 산에서 베어낸 나무를 그대로 띄워 보내면 도중에서 걸리는 등 아래쪽에 있는 도시까지 가지 못했다. 재목 상인들은 상류에서 강물을 막고, 거기에 재목을 뗏목으로 엮어 띄우고는 단번에 제방을 끊는다. 그러면, 물의 힘으로 쉽게 아래쪽에 있는 도시까지 흘러가는 것이다.

초와 같이 광대한 나라에서는 평범한 방법으로는 언제 끝을 맺게 될지 장담하지 못한다.

단기간에 속전 속결 해야겠지만, 그러기 위해서는 물을 모아서 그 힘을 빌려야 한다. 이경우의 물이란 군사들의 사기(士氣)인 것이다. 왕전은 군사를 이끌고 초로 들어가서 기지를 구축하고, 성벽을 쌓고, 그 안에서 오로지 군사를 휴양시켰다. 초군은 포위하고 싸움을 걸어

왔지만 진군은 기지 안에 웅거한 채 좀 체로 나올 것 같
지 않았다.

　아무리 싸움을 걸어도 진군은 응하려고 하지 않자 초
군은 초조했다. 기지 내에는 군량이 풍부하고, 대규모의
오락 시설이 만들어져 있었다. 군사들은 돌팔매질이나
도약(跳躍) 경기 따위를 즐기고 있었다. 초군은 언제까
지 포위하고 있어도 결정이 나지 않자 일단 철수를 결정
했다.

　〈초군 철수를 개시함.〉

　이 보고를 들었을 때, 왕전은 우뚝 일어섰다. 젊은이
못지않게 씩씩한 모습이었고 늠름한 기상이었다.

　(지금이야말로 둑을 끊어야 할 때다!)

　그는 이 날을 기다리고 있었던 것이다.

　초군은 결코 패해서 퇴각하는 것이 아니지만 포위를
풀고 등을 보이고 있다. 이러한 군사에게는 전투 의욕이
없다. 힘은 언제나 쫓는 쪽에 있다.

　「추격의 태세를 취하라!」

　왕전은 전군에 출격명령을 내렸다.

　기다리고 기다렸던 기회였다. 예상한 바와 같이 힘은
진군에게 있었으며, 진군은 노도와 같이 초군을 엄습해
서 이를 크게 무찔렀다. 다시금 여세를 몰아 초의 전토

에 군사를 진격시켜 곳곳에서 초군을 격파했다. 초의 총
사령관은 명장으로 이름을 날렸던 항연(項燕) 이지만 왕
전은 기수(蘄水)의 남쪽에서 그를 맞아 죽였다. 총수를
잃은 초군은 총퇴각을 하고, 진군은 눈사태처럼 그 뒤를
쫓아 1년 남짓해서 초의 수도를 함락시키고, 초왕 부추
(負芻)를 포로로 했다.

이렇게 해서 강국을 자랑했던 초나라도 드디어 망하고
말았다.

연의 태자 단을 죽인 지 3년 후의 일이다.

초의 멸망 다음 해에 연과 조가 끝이 났다. 남은 것은
제 뿐이었다. 아무리 산동의 부강한 나라라 해도 고립이
되고 보면 곤란하지 않을 수 없다.

연과 조를 격파한 것은 왕전의 아들 왕분이지만, 왕분
은 연에서 남하해서 제를 찌르고 제왕 건(建)을 포로로
하고 제를 멸망시켰다.

6국은 모두 멸망하였다. 한을 친 것이 내사(內史)인 등
(騰)이었지만 남은 다섯 나라를 토벌한 것은 왕전·왕분
부자였다. 진왕 정은 드디어 친정(親征)하는 일조차 없
었던 것이다.

춘추전국 5백년의 끝없는 전쟁에 종지부를 찍은 것이

다.

이 5백년을 전란의 면만을 살펴서는 중요한 것을 놓칠 지도 모른다. 황하 중류의 유역에 한해 있던 중원 문명 권이 이 5백년 사이에 중국 전토로 퍼졌다. 정치체제가 문명의 확산을 따라잡지 못하고 군웅할거(群雄割據)의 시대가 되었던 것이다. 그러나 이 문명의 뿌리는 하나라 고 하는 의식이 모든 사람들의 가슴 속에 있었다.

(실력자의 할거가 동란의 원인이다.)

천하를 통일한 진왕은 그렇게 생각했다.

(제후를 각지에 존속하게 해서는 안 된다.)

통일된 천하를 다스리는데 있어서 진왕이 이렇게 생각 한 것은 당연한 일이다. 그런데, 제후들은 왕이라 칭하 고 있었는데, 정 자신도 왕이었으니 모순이다.

「왕이란 칭호를 고치고 싶으니, 그것에 대해 협의토록 하라.」

마침내 그는 중신들에게 명했다.

승상 왕관(王綰), 어사대부 풍겁(馮劫), 정위(廷尉) 이 사(李斯)등은 협의해서 그 결과를 상주했다.

「황제(黃帝)·전옥(顓頊)·곡(嚳)·요(堯)·순(舜)의 소위 5제(五帝)도 방천리의 땅만을 지배하고 있었을 뿐 입니다. 지금 폐하는 천하를 평정하셨기 때문에 그 공적

은 5제 보다도 훨씬 위에 있습니다. 옛날 천황(天皇)·
태황(泰皇)·지황(地皇)이 있었다고 전해지긴 합니다
만, 그 중에서 태황이 가장 존귀했다고 합니다. 신 등은
어리석은 생각을 말씀 올립니다만, 〈태황〉의 칭호를 가
지고 왕을 대신하면 좋지 않을까 생각됩니다.」

「태황이라….」

정은 중얼거렸다. 이것은 새로운 칭호가 아니었다. 일
찍이 옛날에 사용했던 자가 있었다. 정은 전혀 때묻지
않은 새로운 칭호를 원했던 것이다.

「태황의 태자를 없애는 것이 어떠한가? 황과 5제의 제
를 따서 〈황제(皇帝)〉로 하도록 하는 것이 좋겠다.」

정은 이렇게 말했다.

황제, 우리들 귀에 익은 이 칭호도 이 때 비로소 만들
어진 것이다. 이제부터 여기서는 그에 대해서 시황제로
부르기로 한다.

천하를 통일해 하나로 했지만, 그 천하는 정신이 아득
해 질만큼 넓다. 승상인 왕관이 상주했다.

「연·제·초 등은 먼 지방이어서 중앙에서 손이 미치
지 않습니다. 황자(皇子)들을 왕으로 세워 각지를 통치
하도록 하심이 옳겠습니다.」

시황제는 그것을 의논하도록 신하들에게 명했다.

전제 독재의 상징처럼 불리우고 있는 시황제이지만 모든 일을 자기 혼자 정한 것은 아니었다. 이처럼 신하의 의견을 언제나 듣고 있었다. 그가 천하를 평정할 수 있었던 이유는 이런 점에 있었던 것이 아니었을까? 각지에 왕을 봉하는 문제는 찬성하는 중신들이 많았지만, 오직 한 사람 이사는 강력하게 반대했다.

「주(周)는 일족을 각지에 봉했습니다만, 후세에 이르러 친족의 의식이 희박해지고 서로가 공격하기를 삼가하지 않았습니다. 천왕이나 공신에게는 국고에서 은상을 받으면 족할 것이며, 땅을 지배하게 하는 것은 옳지 않다고 생각됩니다.」

여럿의 의견을 듣고 나서 시황제는 결론을 내렸다.

「이사의 의견이 옳다. 제후와 제황이 난립했기 때문에 천하의 백성들이 고통을 받았다.」

그는 궁전 안에서 평안하게 자라난 제왕이 아니었다. 인질의 자식으로 외국에서 자랐으며, 아버지가 도망친 후에 멸시를 받으며 살았다. 시정의 백성들과 피부를 맞대고 생활해 온 경험도 있었다. 백성들의 고통은 머리 속에서가 아니라 피부로 느껴서 알고 있었다.

이렇게 해서 진은 왕이나 제후를 각지에 배치하는 예전의 제도를 폐지하고, 천하를 36군으로 나누고, 그 장관을 중앙에서 임명하는 군현제도(郡縣制度)를 채용했다.

이 후에 중국에서는 부분적으로 봉건제도가 부활된 일은 있었지만, 왕이나 제후와 같이 대영주를 전국에 분립시키는 일은 두 번 다시 생기지 않고 오늘에 이르고 있다.

말이 틀리고, 문자가 다르고, 저울의 단위가 각각 다르다.

나라에 따라 그것이 틀리므로 얼마나 불편한 일인가? 외국에서 오래 생활한 적이 있는 시황제는 잘 알았다.

예를 들면 도로도 그러했다.

당시의 교통기관은 말이 끄는 마차였지만 차바퀴 자리가 도로를 파고들어 마차는 그 틈새에 바퀴를 넣고 달렸다. 그런데, 나라에 따라 마차 바퀴의 폭이 틀린다. 이것에는 이유가 있었다. 당시의 전쟁은 여러 필의 말에 끌리는 전차에 의해 전투를 벌였다. 적의 침입을 막기 위해서는 적의 마차바퀴의 폭과 틀리는 수레바퀴 자국의 레일을 만들어 놓으면 효과가 있었다.

수레바퀴 자국이 틀린다면 타국의 전차가 쉽게 접근할 수 없게 하는 잇점은 있었지만 타국이 없어지면, 즉 천하가 통일이 되면 반대로 전국의 교통을 방해하는 요소가 된다.

「모든 것을 하나로 하라. 공통으로 하라.」

시황제는 집요하게 명령했다. 시황제는 문자를 통일하고, 차바퀴의 크기를 통일했다. 동문동궤(同文同軌)라는 것은 이것을 말하는 것이다.

자기의 제호에 시(始)자를 붙인 것으로도 알 수 있듯이, 시황제는 창시(創始)가 취미였는데, 중신들이 전례를 들추기라도 한다면 흥미가 없는 표정을 지으며 이렇게 말했다.

「짐은 전례를 따르는 것은 좋아하지 않는다. 짐이 그 전례를 만드는 것이다.」

여섯 나라를 멸망시켰으니 시황제를 미워하는 자는 많았다. 원한은 국가의 차원에서 개인의 것에까지 가지가지였다. 형가의 친구인 축의 명인 고점리도, 개백정인 송의도 현상붙은 사람으로 쫓기는 몸이 되었다. 또한, 그들도 시황제를 친구의 원수로 생각하고 있었던 것이다. 고점리는 이름을 바꾸고 송자(宋子)라는 곳에서 어떤 집의 하인이 되어 일했다. 그러나, 하인 노릇은 대단히 힘들었고 축을 잡으면 천하에서 따를 자가 없는 명수(名手)로 그것으로 충분히 생활할 수 있었다. 송자라고 하는 거리는 전에 조나라였기 때문에 고점리의 얼굴을 알아보는 자는 없었다.

(축의 연주자로서 생활하고 싶구나.)

그는 전부터 그렇게 생각하고 있었다. 어느 날 손님 몇 사람이 와서 축을 연주하고 있을 때,

「이 연주는 별로 신통치 않군.」

하고 중얼거렸다. 주인의 종이 그 말을 듣고 고자질을 했다.

「손님의 축이 이렇다 저렇다 하고 비평하고 있습니다. 하인 주제에….」

「흥, 그놈은 축을 알고 있는 모양이구나. 한번 켜보도록 해볼까?」

주인은 시험해 보았다. 그런데, 고점리의 축은 너무도 훌륭했기에 듣는 자 모두가 눈물을 흘릴 정도였다.

곧 그는 그 지방에서 축의 명인으로 알려지게 되었다.

천하는 이미 진의 손에 들어가 있었다. 천하의 주인이 된 진왕 정, 즉 시황제는 천하의 인재를 자기 수하에 불러들였다. 인재라고 하는 것은 한 가지 재주에 뛰어난 인물이다. 그 전공이 무엇인가는 묻지 않는다. 정치에서는 이사, 군사에서는 왕씨 부자, 거기에 이신과 같은 자들이 있다. 그 외에 토목·건축·학술·회화·음곡·의약·천문·역산(曆算), 무엇이 든지 좋았다. 여기에 미녀도 빠지지 않았다. 전국에서 미녀가 모여진 것이다. 어딘가에 우수한 인재가 있다고 들으면 곧 초빙을 했다.

「송자에 굉장한 축의 명수가 있답니다.」

이와 같은 말을 들은 시황제는 곧,

「그렇다면 그 자를 부르도록 하라.」

하고 명령했다. 이름을 바꾼 고점리는 시황제에게 불리어 나가 축을 연주했다.

「호오! 과연 명수로다. 일찌기 연에 고점리라고 하는 축의 명수가 있었다지만, 아마도 그보다 이 자가 더 명수일 것 같다. 고점리는 형가의 친구로 용서할 수 없는 사나이지만….」

그런데, 진의 궁중에서 옛날 연에서 고점리의 연주를 들은 자가 있었다. 그 사나이가 시황제에게 물었다.

「황공하오나, 만일 그 고점리가 살아 있다면 어떻게 하시겠습니까?」

「고점리가 살아 있다면…. 이 자와 축의 솜씨를 겨루게 하겠다. 그가 이기면 목숨은 살려 주겠지만…. 소경을 만들어 주겠다. 놈이 무슨 짓을 할지 모르니….」

하고 시황제는 대답했다.

「황공하오나 그 축의 솜씨 겨루기는 승부가 없게 되었습니다.」

「무슨 말인가?」

「지금 축을 연주한 사나이가 바로 연의 고점리라 합니

다….」

「아, 아니 뭐라고….」

곧 조사를 명했던 바, 그 자가 고점리임이 판명되었다. 처분에 대해서는 이미 시황제가 언명했다. 그 예능을 아껴서 소경을 만들고 목숨을 살려 주는 것이었다. 그 때문에 고점리는 장님이 되고 말았다. 시황제도 음곡의 애호가였다.

「고점리를 주의 하십시오. 그 사나이는 형가의 둘도 없는 친구입니다.」

이렇게 이사는 간했다. 음곡을 좋아하는 시황제는 매일 고점리를 가까이 불러 축의 연주를 듣곤 했던 것이다.

「무슨 말인가? 그는 소경이고, 게다가 무기를 지니고 있지 않다.」

「축이 있습니다.」

축은 소형의 검과 같은 것이다.

「핫핫핫……!」

하고 시황제는 웃었다.

「이사는 음치이니 아무 멋도 모르고 있지만, 축은 오동나무로 만들어졌다. 매우 가벼운 악기이다. 짐의 머리쪽이 훨씬 강하다.」

「황공합니다.」

하고 이사는 물러갔다.

어느 날 고점리는 연주 중에 축을 들어올려 시황제를 후려쳤다. 소경의 슬픔인가? 겨눔은 빗나가 축은 벽에 맞았다.

「바보같은 놈! 쓸데없이 흥분해 가지고!」

그렇게 말했을 뿐, 시황제는 황제답게 일을 문제 삼지 않으려고 했다. 그러나, 후에 자세한 보고를 듣고, 시황제는 파랗게 질려서 그를 죽일 것을 명했다.

「고점리를 베어라!」

축 속에는 납이 들어 있었다. 머리에 맞았으면 시황제의 목숨은 없어지고 말았을 것이다.

시황제는 등산취미도 있었던 것 같다. 산에 오르면 그곳에 석비를 세우고 천하를 통일한 자신의 공적을 조각토록 했다.

그에게 가장 마음에 들었던 곳은 낭야(琅邪)의 땅이었다. 이 산 밑에 3만호를 이주시키고, 12년간 면세의 특혜조치를 취했을 정도였다. 그는 한단에서 태어나 섬서의 진에서 성장하여 바다라는 것은 모르고 자랐다. 그러기에 산은 산이라도 바다가 내려다보이는 낭야산을 사랑했는지도 모른다.

여기에 낭야대를 만들게 했다고 하지만, 면세의 특전을 주어서 이주자를 모은 것으로 미루어 보아, 별궁으로 할 생각이 있었던 것 같다.

그러나, 과연 천하가 태평했던가?

천하를 병합한 후 3년간 계속해서 순유한 것은 시황제가 여행을 좋아한 탓도 있겠지만, 시위 행위를 행할 의도도 있었음이 틀림없다. 저항 세력의 콧대를 누르려는.

6국 중에서 제일 먼저 진에게 멸망당한 한의 옛 도읍 양적(陽翟)은 여수(汝水)에 면하고 있다. 그 여수 부근에서 수염이 짙은 텁석부리의 한 사나이가 누구를 향해서 하는 것도 아닌 큰소리로,

「동쪽 바다에 뼈가 없는 물고기가 있다는군. 뼈가 없으면 없는대로 물 밑에 부끄러운 듯 잠겨 있었으면 좋았을 텐데. 그 물고기는 물 표면에 둥실둥실 떠 있다는 거야. 그 놈의 이름은 해파리라고 한다는데, 동쪽 해변의 어부가 그 해파리를 자랑하고 있기에 내가 말해 주었지. 우리나라 한에는 뼈 없는 동물은 얼마든지 있다고 말이지. 나라가 망해도 아무렇지도 않은 얼굴들을 하고 말이야. 하기야, 뼈가 있었다면 도저히 그렇게 할 수 없겠지. 한에서는 해파리가 육지 위로 올라와서 인간의 탈을 쓰고 걸어 다니고 있다 이거야.」

하고 허탈하게 말했다.

　그 텁석부리 뒤로 젊은 사나이가 따르고 있었다. 오른손에 낚시대를 들고, 몸놀림이 민첩했다. 잔걸음으로 뛰었지만 전혀 발소리가 들리지 않았다. 그랬기에 텁석부리는 뒤에서 따라오는 인기척을 눈치채지 못했다.

　「아차!」

　눈치챘을 때는 떠밀리어, 텁석부리는 물 속에 떨어졌다. 코 속으로 물이 들어가, 그는 크게 재채기를 했다. 뒤에서 따라오던 젊은이는 다리를 벌리고 강기슭에 서 있었다.

　「무슨 짓이냐?」

　화가 나서 소리치고 텁석부리는 연이어 재채기를 했다.

　「이걸 붙잡으시오.」

하고 젊은이는 낚시대를 앞으로 내밀었다.

　「필요없다. 혼자 올라간다. 무슨 짓이야? 갑자기 밀어버리다니….」

　텁석부리는 강물의 흐름에 발이 미끄러져 휘청거리며 가래침을 칵 뱉었는데, 바람이 불어 가래침은 사나이의 수염에 철썩 달라붙었다.

　「쳇 재수없게.…더럽군.」

　사나이는 손바닥으로 수염에 붙은 가래침을 털어버리

며 투덜거렸다.

「자기 침이 더럽소?」

젊은이가 말했다. 구김살없는 맑은 목소리였다.

「도대체 왜 나를 밀었는가? 그냥 두지 않겠다!」

「당신이 아까 했던 그 말이 마음에 들지 않아 강으로 밀어버린 거요.」

「내 말이 틀렸는가?」

「아니, 틀리지 않았으니까 더욱 마음에 들지 않은 거요.」

「홍, 그 말솜씨, 나도 조금은 마음에 들었다. 핫핫 핫….」

텁석부리는 언덕에 올라와 몸을 흔들며 큰소리로 웃었다. 그리고, 강가 풀밭에 앉아 있는 젊은이의 옆에 쿵하고 소리를 내며 앉았다.

「젊은이, 이름이 무엇이요?」

「성은 장(張), 이름은 량(良), 자(字)는 자방(子房).」

「뭐야? 그럼….」

텁석부리의 얼굴에 기쁜 빛이 떠올랐다.

「저, 재상의….」

「그렇소.」

젊은이의 집안은 대대로 한나라의 재상을 지냈다.

아버지 장평(張平)은 한의 이왕(釐王)과 환혜왕 대의

재상이었고, 할아버지인 장개지(張開地)는 소후(昭侯)
·선혜왕(宣惠枉)양왕의 대에 재상이었다. 2대에 걸쳐 5
대를 섬긴 것이다.

「12년 전에는?」

하고 텁석부리가 물었다. 12년 전이란, 한나라가 진나
라에 멸망당한 해였다.

「그 때는 젊었기에 벼슬을 하지 않고 있었소.」

「그래도 억울했겠지?」

「말해 무엇 하겠소? 벼슬을 하지 않고 있었기 때문에
억울한 생각은 더욱 컸던거요.」

「장량, 그대는 뼈가 있는 것 같군.」

텁석부리는 점차로 흥분하기 시작했다.

「뼈가 있는 사나이를 구해서 어떻게 하겠다는 거요.」

「복수다….」

「상대는 시황제이오?」

「시황제란 말을 입에 올리지 말라구. 그 놈은 진왕일
뿐이야.」

「목소리가 크지 않소?」

「훤히 트인 강변이다. 여기에는 동지 외에 없다. 두려
워할것이 무엇이 있겠소. 그대는 복수를 생각해 본 일이
없는가?」

「물론 있소. 하지만 형가로서도 실패했던 일이오. 시황제에게 접근할 방법은 그 이후로 더욱 어려워졌소.」

시황제는 함양의 궁전이나 누각 2백70동을 울타리가 달린 길을 연결해 놓아 어디로 가는지 아무도 모르게 했다. 그의 소재를 말하는 자가 있으면 즉석에서 사형에 처했던 것이다.

어느날 시황제는 양산궁(梁山宮)으로 행궁했다. 거기서 내려다보니 마침 승상의 행렬이보였다.

「거기(車騎)가 너무 많군.」

시황제는 불쾌한 듯 중얼거렸다.

옆에 있었던 환관이 후에 슬그머니 승상에게 충고를 했다.

그 이후로 승상은 거기의 수를 줄였다.

「누군지 그 때 내 말을 누설했다. 비밀 엄수를 명했는데도.」

시황제는 그것 때문에 노했다. 아무리 조사를 해도 자백하는 자가 없었기에 그는 그 때 옆에 있었던 자 전부를 처형했다.

〈이 후로 왕의 소재를 아는 자가 없었다.〉

이렇게 〈사기〉는 기록했다.

시황제를 죽이려해도, 우선 그의 소재를 아는 것조차

어려웠다. 하물며 접근한다는 것은 불가능하다고 하지
않을수 없다.

「단념해서는 곤란해.」

하고 텁석부리는 약간 목소리를 낮추었다.

「근년에는 순행이 많다. 순행 길을 노릴 수 있지 않아?」

「그것도 그렇겠군.… 순행의 길을 안다고 해도 경계가
엄중하니, 도저히 접근할 수 없는 일이 아니겠소.」

「형가는 비수를 사용했으니 가까이 접근하지 않으면 안
되었다. 무기에 따라서는 멀리서도 노릴 수 있지 않은가?」

텁석부리는 그렇게 말하고는 히죽 웃으며 젖은 수염을
만졌다.

「그렇군. 활로써….」

하고 장량이 낮은 소리로 말했다.

텁석부리는 천천히 머리를 옆으로 흔들며,

「활이 아니다. 순행할 때의 진왕의 마차는 두꺼운 재목
을 여러 겹 둘렀다. 어떤 강궁의 화살이라도 그것을 뚫
을 수는 없다.」

장량은 텁석부리와 동쪽으로 여행을 계속하기로 했다.

여행에 나서기 전 장량은 집안을 대부분 처분해서 그
것을 황금으로 바꾸었다.

「창해군(滄海君)한테 가자.」

하고 텁석부리가 말했다.

어떤 학자는, 창해는 산동반도의 끝 부분에 살고 있는 한국계의 거물이었을 거라고 해석하고 있다. 지도를 보아도 알 수 있지만, 산동반도와 한반도는 황해를 사이에 두고 예부터 사람들의 왕래가 잦았다고 보아진다. 한나라 이후에는 한국과 싸움이 있을 때는 산동으로부터의 수로를 곧잘 이용했었다. 산동반도에 한국계 사람들의 거주지가 있었을 것이다.

「거기에는 무엇이든지 할 수 있는 사람들이 있다. 우리들이 원하는 재능을 가진 사람도 있을 것이 틀림없다.」

텁석부리는 자신을 가지고 있었다. 그들이 구하고 있는 재능이란 무엇인가? 화살이 뚫지 못하는 마차속의 인물을 죽이려 한다. 가까이 접근할 수 없다. 꽤 먼 거리에서 그 일을 해야만 한다.

「힘센 장사가 필요합니다.」

「그렇다면 범발(范發)이 좋겠군. 시험해 보도록 하시오.」

범발이라고 하는 사나이가 불리어 왔다. 범발이 웃옷을 벗자, 장량은 눈을 휘둥그렇게 떴다.

(이능(異能)의 장사로구나.)

옷 속에 숨겨져 있던 팔뚝과 가슴팍이 무섭도록 굵고

두터웠다. 범발은 뒤에 있는 들판에서 그의 특별한 기능
(技能)을 보여주었다. 무쇠 공에 사슬을 달고, 그것을 머
리 위에서 휘두르며 자기몸을 몇바퀴 회전시켜, 그 원심
력을 이용해서 집어던졌다. 현대의 투해머와 비슷한것
이다.

「음, 멋지게 나는군.」

장량은 감탄한 나머지 소리를 질렀다. 50미터는 날아
갔을 것이다. 더욱이, 미리 목표로 정해놓았던 측백나무
줄기에 정확하게 들어맞아 그것을 부러뜨리고 만 것이
다.

「정확하구나! 성공은 틀림없다.」

범발의 실연(實演)을 보고 텁석부리 사나이도 손뼉을
치며 기뻐했다. 장량도 기뻐했다. 3백명의 고용인이 있
는 가옥을 처분하고 이 곳까지 온 보람이 있었다.

「이제는 시황제 순행의 길만 찾아내면 된다.」

시황제가 진의 왕이 되어 29년, 황제라고 부르기 3년째
되는 계미년(癸未年), 전년에 이어 순행이 행해진다고
했다.

이 사실은 극비였지만 동쪽 방면의 순행이라는 것만은
어디서인지 모르게 흘러나왔다.

「이 날에 대비해서 내가 길들인 사람이 마부로서 함양

의 궁전에서 일하고있다. 하남에서 태어나, 산동에서 오래 살아서 인지 동쪽 길에 밝다. 지난 해 동쪽 순행 때도 수행했지만 금년에도 동쪽 순행이라면 그 사람은 반드시 수행할 것이다. 그 사람과의 연락 방법이 있다. 누이 동생을 이용하는 거야.」

텁석부리는 오래 전부터 시황제 암살의 계획을 세우고 있었던지, 여기저기에 꽤 손길을 뻗치고 있는 것 같았다.

마침내 그들은 결행할 지점을 하남의 어느 곳으로 선택하기로 하고 장량은 사전에 답사를 하기로 하였다. 텁석부리는 마부의 누이동생을 통해서 행렬에 대한 동향을 탐지하려고 바쁘게 움직이고 있었다. 진한의 한 근은 2백 56그램이니, 약 30킬로그램의 중량이었다. 그것으로 몇 번이고 던지는 연습을 했는데, 한번도 빗나가지 않았다.

「던지는 장소는 물을 사이에 둔 곳이 좋을 것이오.」
하고 장량이 제의했다. 강이나 늪을 사이에 두고 던진다면 경비하는 자가 따라오려고 해도 배가 없으면 건너지 못할 것이다. 허둥지둥 배를 징발해 올 사이에 멀리 도망칠 수 있다.

순행 길의 순서는 황하 북쪽 기슭에서 동쪽으로 잡았다. 황하의 지류와 조그만한 호수·늪 등이 많아서 물이 있는 장소는 많다. 이 계획에 적합한 지점을 찾아본 결과 백호연(白虎淵)이라고 하는 늪의 남쪽이 좋다는 결론을 얻었다. 거기에는 백호구(白虎丘)라고 하는 언덕이 있었다. 그리고 길 저쪽의 상당한 거리를 두고 청룡구(靑龍丘)라고 하는 산이 있다. 알아낸 정보로는 시황제의 행렬이 백호연 옆을 지나는 것은 저녁 가까운 시각이 될 것이라고 했다.

점심 때부터 각각의 위치에 매복하기로 했다.

시황제가 지나는 것은 저녁 가까이라고 했지만 비밀을 좋아하는 그가 예정을 바꿀는지도 모른다. 그 경우에도 계획대로 의 암살을 할 수 있도록 매복 장소에 일찍 숨어들도록 했던 것이다.

두 사람은 풀밭에 누웠다. 범발은 철추를 안고 있었다. 장량은 상반신을 일으켜 크게 호흡을 했다.

「왜 그러오. 무섭소?」

하고 범발이 물었다.

「무섭소. 우리들은 붙잡힐 거요. 지금 도망치면 되겠지만.」

하고 장량이 말했다.

「쓸데없는 말은 하지 마시오.」

「헌데 지금은?」

「이제 와서야 그 노인에게 속았다는 생각이 드는구료. 나는 이 부근의 지리를 잘 알고 있소. 황하를 따라 얼마동안 인가가 없소. 그런데, 강 옆에 밥짓는 연기가 오르고 있소. 여기서 멀지만 수백 명이 취사를 하고 있겠지요…. 이 백호구를 은밀히 포위하는 데는 안성마춤의 땅이오.」

「이봐, 이봐요. 어떻게 할거요?」

「이제 곧 연극의 막은 내릴 거요. 그 때까지 기다릴 생각은 없소.」

장량은 일어섰다. 범발은 먼저 이미 철추를 안고 일어서 있었다.

「서쪽으로 갑시다. 뛰어요. 계속 뛰어야 하오.」

그들은 뛰었다. 세 시간 정도 그렇게 뛰기도 하고 걷기도 했을 것이다. 언덕길을 다 올라가니 갑자기 전망이 넓어졌다.

「오, 저것은!」

장량은 불현듯 소리쳤다. 눈 앞에는 모래밭이 펼쳐지고, 그 저 쪽에 한 줄기 넓은 길이 뻗어 있었다. 그 길을 서쪽으로부터 요란한 행렬이 오고 있었다.

「여기서 합시다.」

장량은 낮은 목소리로 말했다.

「그럽시다.」

조금 전 텁석부리를 욕할 때는 지극히 감정적이었지만, 일에 대해서는 목소리까지 사무적으로 되었다.

「이 곳은 박랑사(博浪沙)라는 곳이오. 물은 없지만 이 모래밭은 물보다 더 곤란하오. 발목까지 묻히는 부드러운 모래이고, 곳에 따라서는 무릎까지 잠기는 곳도 있소. 뛸 수 없는 것은 물론이고 걷기도 힘든 곳이오. 우리를 쫓지는 못할 것이오.」

하고 장량이 설명했다.

「좋소. 장소를 정합시다.」

이 곳 지리를 잘 알고 있는 장량이 투척하기에 적당한 지점을 언덕받이에서 발견했다. 목표가 잘 보이고, 철추를 던지기 쉽고, 게다가 도망치기도 쉬운 곳이다.

두 사람은 거기서 자세를 낮추고, 숨소리를 죽이고 행렬이 다가오기를 기다리고 있었다. 마차 바퀴의 폭을 통일했기 때문에 천자의 마차도 특별나게 크지는 않았다. 폭을 넓히면 길을 지나가기가 힘든다.

그러나, 황금의 풍룡(風龍)의 장식을 붙이고 정기(旌旗)를 세우고 있는 호화로운 마차가 시황제를 태우고 있다는 것을 알 수 있었다.

도보와 기마의 무장병이 전후 좌우를 지키고 있는 마차

는 두 대가 있었다. 호화롭게 장식한 마차가 앞에 서고, 30미터 정도 떨어져서 장식이 없는 검은 마차가 그 뒤를 따르고 있었다.

이것은 부차(副車)라고 해서 천자의 신변을 보살피는 여관(女官)이 타고 있는 것이다.

장량은 범발의 옷소매를 잡고,

「어쩌면 시황제는 부차에 타고 있을지도 모르겠소.」

하고 속삭였다.

「그럴까요? 어떻게 하겠소?」

범발은 투척의 기능 뿐만이 아니라 두뇌면에서의 회전도 빨랐다. 백호구를 포위하는 군사가 출동했으니, 시황제의 행렬은 습격자가 있다는 것을 이미 알고 있는 것이다. 시황제의 성격으로 미루어 추측컨대 폭도를 사전에 체포하는 것 보다는 실패하게 하고서 체포하는 쪽을 택할 것이다. 습격범은 텁석부리가 고해바쳤을 것이다. 그렇다면 실패시키는 것은 간단하다. 천자의 마차에 천자가 타지 않으면 안되는 것이다.

「어느 쪽에 던질까요?」

범발이 물었다.

「부차를 칩시다.」

장량은 이렇게 말하고 눈을 감았다.

「알았소.」

황제의 행렬이 다가오고 있었다. 범발은 철추를 맨 쇠
사슬을 머리위에서 휘두르며 자기 몸을 회전시켰다. 한
번, 두 번, 세 번….

「에잇!」

낮고 날카로운 소리와 함께 그는 손을 놓았다.

「아차!」

손을 놓는 것과 동시에 범발이 탄식했다. 그는 마차의
속도를 계산해서 그것을 맞추어 던진 것이다. 철추가 손
에서 떠나 마차의 지붕에 떨어질 때까지의 시간 동안 그
마차는 같은속도로 전진 해야만 비로소 명중하는 것이
다. 그런데, 그가 던지는 순간, 마차의 속도가 느려진 것
을 보았던 것이다. 아주 미미한 차이다. 30미터 앞을 가
는 호화롭게 장식한 쪽의 마차가 그 자리에 딱 멈추어
섰다.

「실패다. 도망갑시다!」

범발이 장량의 팔을 붙잡고 뛰기 시작했다. 두 사람은
달렸다. 호위 무사들은 습격해온 방향을 알 수 없어 잠시
동안 우물쭈물하고 있었으나 곧 흩어져서 쫓기로 한 모
양이었다. 수십기의 기마 무사가 박랑사로 말을 몰았다
가 거기서 말 발이 모래밭에 빠져 허우적거리고 있었다.

「뒤돌아 보지 말고 뛰어요!」

다급해진 장량은 범발의 팔을 잡은 채 뛰었다.

「어떻게 된 것일까?」

뛰면서 범발이 말했다. 그는 이 실패가 믿어지지 않았다. 왜 앞의 마차가 갑자기 서고 뒤의 마차가 속도를 늦추었는가?

「우연이오. 그들은 거기서 바꾸어 타려고 했던 것이오.」

「그런가요? 저 놈의 하늘이 도왔군.」

범발은 입술을 깨물었다.

시황제의 순행은 그대로 진행되어 산동반도의 지부에서 낭야로, 대체로 지난해와 같은 코스를 취하며 상당(上黨)을 경유해서 수도 함양으로 돌아왔다.

이 무렵부터 시황제는 심한 두통으로 시달리게 되었다, 그 두통은 기후나 몸의 이상이라기보다는 그의 기분이 원인이었다. 불쾌한 소식을 들으면 갑자기 머리가 쿡쿡 쑤시는 것이었다.

「무슨 좋은 약이 없겠는가? 이 두통을 고칠 수 있는 어떤 술(術)이라도 없을지….」

「예, 천하에 명해서 약이나 선인(仙人)을 찾도록 하겠습니다.

하고 승상인 이사는 대답했다 술을 행하는 것은 선인

(仙人)이었는데, 이사는 술이나 선인을 믿지 않았다. 그 시대에 있어서는 지극히 진보적인 합리주의자였던 것이다.

「서복(徐福)은 아직 아무것도 알려 오지 않았는가?」

하고 시황제는 물었다.

「아직 소식이 없습니다. 그것에는 매우 많은 준비가 필요할 것으로 생각됩니다.」

이사는 그렇게 대답하고 황제의 앞에 엎드렸다.

지난해 낭야로 순행해서 낭야대를 만들고 석비를 세웠을 때 제의 사람으로 서복이란 인물이 비로소 상소를 올렸다.

「바다 가운데 세 신산(神山)이 있는데, 그 이름을 봉래(蓬萊)·방장(方丈)·영주(瀛州) 라고 합니다. 그 곳에는 선인이 살고 있다고 전해 오고 있습니다. 신은 목욕 재계하고 더러운 것을 모르는 동남(童男)·동녀(童女)와 함께 그 곳으로 선인을 만나러 가는 것이 소원입니다. 황공하오나 윤허해 주소서.」

선인이 있다고 하면 술(術)을 알고 있을 테니, 함양으로 초빙할 수 있다. 선인의 섬이라고 하니 약초도 있을 것이다. 두통은 고사하고 불로불사의 약이 있을지도 모르는 일이었다.

「좋다. 서복에게 모든 편의를 제공해 주어라.」

하고 시황제는 명했다.

그로부터 1년이 지났지만 서복은 아직 준비 중이라고 말하고 출발하지 않고 있었다.

「아직 출발하지 않았는가?」

「예. 바다 끝 먼길이기에 보통의 선박으로는 갈 수가 없고, 아무래도 우선 큰 선박을 건조해야 된다고 합니다. 그래서, 큰 선박을 건조할 자재를 하사해 주십사 하고 청원해 왔습니다.」

「서복에게 선박 건조용 자재를 주도록 하라. 부족함이 없이.」

시황제는 옥좌에 고쳐 앉았다.

장량 등은 이름을 바꾸고 남쪽으로 피했다.

장량 등이 우선 자리를 정한곳은 하비(下邳) 였다. 서주의 동쪽, 현재의 비현(邳縣) 부근이다. 물론 그들은 변장을 하고 있었다. 텁석부리 전통은 수염이 없어졌고 기운이 없어 보였다.

　손무(孫武)와 손빈(孫臏)이 각각 오(吳)와 제(齊)의 장
수로서 활약하던 시대는 춘추 말기이다. 전란의 춘추시
대는 전국시대로 이어지고, 전국시대의 대미를 장식하
는 인물이 진시황제(秦始皇帝)이다.

　춘추전국시대는 진(秦)나라의 천하통일로 끝난다. 그
리고 역사는 전무후무한 인물 시황제(始皇帝)를 낳고,
다시 초(楚)와 한(漢)의 싸움으로 이어진다. 이 싸움은
한나라의 승리로 끝나고 유방은 4백여 년 계속되는 한제
국(漢帝國)을 창조한다.

　이 역사의 물결 위에 솟아오른 인물들이 전국시대 말

기의 장의와 소진, 한비자, 여불위 등이다. 그리고 장량, 한신 등의 귀재가 나타나 역사의 물결을 움직인다.

해가 뜨면 지고, 달은 차면 기운다. 이 인생의 철리는 파란의 이 역사 위에도 예외없다. 수많은 영웅들이 저마다의 야망을 펴고 운명의 길을 걷는다. 전대미문의 권력의 탑을 쌓고 만리장성(萬里長城)으로 남은 시황제 정(政)은 불로장생(不老長生)을 외치다가 수레 속에서 죽고, 천하 평정의 야망을 쫓는 희대의 모사(謀士) 장량은 은자(隱者)로서 권력과 영화의 세상을 버린다. 역발산(力拔山)의 항우는 사면초가(四面楚歌)속에서 스스로 목숨을 버리고 한고조(漢高組) 유방은 「유씨(劉氏) 외는 왕(王)이 될 수 없게 하라.」고 유언하지만, 한 왕실(王室)은 유방의 여망을 지키지 못한다.

〈소설 楚漢誌〉는 진(秦)나라의 천하통일과 몰락, 항우와 유방의 패권 다툼, 그리고 다시 통일을 이룩하는 한(漢)과, 한(漢)을 창건한 공신들의 최후, 모략과 암투, 영화와 타락의 길을 걷는 한 왕실(王室)의 적나라한 이야기로 이어진다.

소설 손자병법 3권

· 2005년 4월 20일 초판 발행
· 2013년 1월 10일 2쇄 발행

· 저   자 : 張 道 明
· 발행자 : 김 종 진
· 발행처 : 은 광 사
· 등   록 : 제 18 - 71호(1997. 1. 8)
· 주   소 : 서울 중랑구 망우3동 503-11호
· 전   화 : 763-1258 / 764-1258

정가   18,000원

꿈 해몽법

인간 생활의 길흉을 예지해 본다

'꿈이란 우리의 잠재의식을 시각화하여 볼 수 있는 유일한 창이다.' 라고 정신분석가이자 심리학자인 프로이드는 말했다. 그러나 그 누구도 꿈의 예지 능력에 대해서 무시 한다거나 배제할 수는 없을 것이다. 우리는 매일밤 꿈을 꾸며 특이한 꿈은 '이 꿈의 의미는 무엇일까?' 다시한번 되뇌이고 "어젯밤 꿈에……." 라는 꿈 이야기를 하곤 한다. 자! 이제는 당신 스스로 당신의 미래를, 신체에 관한 것부터, 돈, 죽음 그리고 질병 등의 당신 꿈속에 묻혀있는 그 의미로 하나하나 풀어가보자.

- 집이 활활타고 있는 꿈? 사업이 융성해져서 탄탄한 기반을 잡게 된다.
- 잘 자란 무가 집안에 가득차 있는 꿈? 복권에 당첨될 꿈
- 배를 따온 태몽? 마음이 넓은 아들을 낳고, 많이 따오면 태아가 장차 부자가 된다.
- 걸어가다가 갑자기 걸음을 멈춘 꿈? 순조롭게 진행되던 일에 불행이 닥쳐 도중에서 중단되게 된다.
- 열심히 박수를 친 꿈? 어떤 압력에 의해 자신의 의견을 주장하지 못하게 되거나 사건에 깊게 말려들게 된다.

편집부 편저 • 신국판 324쪽 •

은광사   서울 중랑구 망우3동 503-11호
Tel : 763-1258 / 764-1258 Fax : 765-1258

손가락(手指)경혈요법

자기 몸의 이상을 신속하게 알아내는 비법!!

인간의 몸에서 모든 내장을 조정하는 것은 뇌이며, 손바닥은 이 뇌와 밀접하게 연결되어 있기 때문에 내장에 이상이 생기면 곧바로 손바닥에 그 신호가 나타난다. 손바닥에는 온몸으로 연결되어 있는 신경이 모여 있어 손바닥에 나타나는 이 이상신호만 잘 파악하면 내장을 지키는 데 아무 문제가 없다. 여기엔 손바닥의 변화와 내장의 관계를 진단하는 방법, 병별에 따라 누구나 손쉽게 예방·치료할 수 있는 비법이 자세하게 소개되어 있다. 갑작스런 두통, 배탈, 설사 등 비상시에 이 손가락 경혈요법을 참고하면 아주 좋은 효과를 얻을 수 있을 것이다.

- 견비통 ─ 합곡을 강하게 누른다.
- 비 만 ─ 엄지손가락 밑을 꼬집는다.
- 여드름 ─ 합곡을 자극한다.
- 위궤양 ─ 위장점을 자극한다.
- 감 기 ─ 풍문을 자극하도록 한다.
- 치 통 ─ 온류를 자극하도록 한다.
- 두 통 ─ 백회를 자극하도록 한다.
- 차멀미 ─ 내정을 자극하도록 한다.
- 발바닥 자극으로 뇌졸증을 예방한다.
- 눈의 피로는 발바닥을 두드려서 푼다.

신국판 · 竹之內診佐夫 · 360쪽

은광사 서울 중랑구 망우3동 503-11호
Tel : 763-1258 / 764-1258 Fax : 765-1258